Barbara Eisenbarth

Besser aquarellieren

Schritt für Schritt zum Erfolg

Augustus Verlag

Inhalt

Titelbild: Landschaft in der Toskana

Einleitung

Dieses Buch wendet sich an Hobbymaler, die bereits Kenntnisse und Fertigkeiten in den Grundtechniken des Aquarells erwerben konnten.

Der Reiz des Aquarells besteht in der Transparenz der verdünnt aufgetragenen Farben, dem Eigenleben, der Eigenständigkeit und dem breiten Spektrum der Anwendungsmöglichkeiten, das diese Farben bieten. Aquarellfarben haben ihre eigenen Gesetze der Beweglichkeit, die man mit Erfahrung und Übung nützen, aber niemals ganz unterdrücken kann. Diese Farben fordern von dem Malenden eine gewisse Spontaneität und Kreativität, eine rasche Entschlossenheit in der Pinselführung. Man muß lernen, das empfindliche Gleichgewicht zwischen Wassermenge und Farbpigmenten zu beherrschen.

Am Anfang steht mit Sicherheit das Vertrautwerden und der Umgang mit den Farben, ihren Reaktionen und Wirkungen in den verschiedenen Maltechniken. Deshalb werden nachfolgend zunächst das Material und die für das Aquarell typischen Techniken vorgestellt.

Eine umfassende Farbenlehre folgt darauf. Sie gibt dem Leser die Möglichkeit, die Kraft der einzelnen Farben zu erleben und das Zusammenspiel mehrerer Farben in harmonische und spannungsgeladene Bilder umzusetzen. Er erfährt, wie er aus drei Farbenpaaren eine Vielzahl von Farbtönen ermischen und diese zu harmonischen Bildern zusammenfügen kann, wie eine einzelne Farbe zum Leuchten kommt, das Interesse des Betrachters weckt und plötzlich zum Mittelpunkt des Bildes wird.

Dieses Wissen befähigt den Leser dazu, eine Farbe durch entsprechende Umgebungsfarben im Andruck zu steigern und dadurch Bilder zu schaffen, die farblich »bestechen«.

Aber auch der Umgang mit Formen, das Sehen und Erfassen eines Gegenstandes, dessen bildliche Wiedergabe, die Grundgesetze der Perspektive, der Umgang mit Licht und Schatten sowie die kompositionelle Ordnung eines Bildes will gelernt sein und muß ständig geübt werden.

Das Malen mit Aquarellfarben wird jedoch nicht immer Spaß machen; man erfährt Mißerfolge und Enttäuschungen. Aber viele Dinge werden faszinierend sein, wenn man allmählich lernt, wie jeder Gegenstand in Wirklichkeit aussieht und feststellt, wie blind die eigenen Augen bisher waren. Mit Freude bekomme ich von meinen Kursteilnehmern oft zu hören, daß sie die Natur jetzt viel genauer betrachten, viel intensiver und bewußter erleben. Formen und Farben werden in unserer hektischen Zeit oft nur unbewußt wahrgenommen, man streift an ihnen vorbei, betrachtet sie als selbstverständlich. Man muß immer wieder lernen, ihre Schönheiten zu genießen. Gerade Kleinigkeiten können da sehr wichtig sein: die flimmernden und flirrenden Schatten von Blättern auf einer Betonmauer beispielsweise, die diese zum Leben erwecken und vollkommen neue Perspektiven eröffnen. Eine Farbe bis zum Rande ihrer Möglichkeiten auskosten, mit Fremdmitteln experimentieren und verblüffende Wirkungen erzielen, kann zum unerhörten Erfolgserlebnis werden.

Sicherlich kann dieses Buch nicht alle Fragen klären, aber es kann zum soliden Fundament der eigenen malerischen Arbeit werden und vielleicht auch zum besseren Verständnis der Kunst beitragen.

Grundpalette für den Aquarellmaler: Echtrosa, Permanentrot 3, Echtgelb hell, Indischgelb, Coelinblau, Ultramarinblau feinst

Arbeits-material

Sicherlich besitzen Sie bereits Pinsel, Aquarellpapier und Farben, die Sie Ihren eigenen Bedürfnissen entsprechend ausgewählt haben. Eine Grundausrüstung der Aquarellmalerei sollte aus mindestens zwei rundgebundenen Rotmarderpinseln der Größe eins bis drei und sieben bis neun sowie aus einem Rindshaarflachpinsel mit ca. 25 mm Breite bestehen. Außerdem benötigen Sie gutes Aquarellpapier, das es in allseitig verleimten Blocks oder in Einzelblättern im Fachhandel zu kaufen gibt. Um die in diesem Buch behandelte Farbenlehre besser nacharbeiten zu können, möchte ich Ihnen vorschlagen, Ihr Farbensortiment auf drei Farbenpaare, bestehend aus Coelinblau und Ultramarinblau, Permanentrot Nr. 3 und Echtrosa, Indischgelb und Echtgelb hell, zu beschränken. Aus diesen Farbenpaaren lassen sich alle Farben, die Sie benötigen, ermischen. Selbstverständlich gehören zur Grundausrüstung noch zwei Wassergläser, ein weicher Bleistift, ein Knetgummi sowie ein Mallappen, eine Palette oder ein Farbkasten.

Maltechniken

Im folgenden geht es um den rein handwerklichen Umgang mit Pinsel, Wasser, Farbe und Papier.

Lasurtechnik

Bei der Lasurtechnik werden stark verdünnte Farbschichten auf das *trockene* Papier aufgetragen. Jede Farbschicht muß absolut durchgetrocknet sein, bevor eine weitere darübergelegt wird. Mit jedem weiteren Auftrag entstehen dunklere Töne in feiner Abstufung bis hin zur absoluten Farbsättigung. Die Lasur ist in einem Farbton sowie in aufeinanderfolgenden unterschiedlichen Farbtönen auftragbar. Werden verschiedene Farbtöne übereinandergelegt, entstehen optische Farbmischungen auf dem Papier (siehe auch im Kapitel Farbenlehre, die optisch-substraktive Farbmischung, S. 15).

Lasurtechnik

Die Lasur ist eine der wichtigsten Techniken des Aquarells. Mit ihr wird gerne der Hintergrund eines Bildes angelegt. Sie wird aber auch zur Ausarbeitung, Akzentuierung und Festigung von Bildern benutzt, die naß in naß gemalt werden. Die Wirkung bereits gesetzter Farben läßt sich durch Überlasieren mit einer anderen Farbe optisch verändern. So lassen sich auch farblich mißlungene Flächen im nachhinein noch korrigieren. Es können durch Überlasieren Farben verändert, abgestumpft oder intensiviert werden. Typisch für die Lasur sind gleichmäßige Flächen und scharfe Konturen. Sie kann jedoch auch kleinteilig fleckenhaft aufgetragen werden.

Merke:
Die Lasur ist eine stark verdünnte Farbschicht, die auf trockenen Untergrund aufgetragen wird.

Grundausstattung für den Aquarellmaler: Aquarellpapiere lose und als Malblock, Rotmarder-Aquarellpinsel 6, 10, Rindshaar-Flachpinsel, Palette, Bleistift, Spitzer, 2 Wassergläser, Aquarellfarben in Tuben oder Näpfchen

Verlauftechnik

Verlauftechnik

Bei der Verlauftechnik werden innerhalb einer Farbfläche weiche, fließende Übergänge von hoch gesättigten Farbflächen bis zu zartesten, transparenten Farbspuren geschaffen. Der Verlauf entsteht, wenn man der satten Farbe ständig etwas mehr Wasser zusetzt und die verschiedenen Verdünnungen übergangslos nebeneinander stellt. Die Pinselbewegung sollte dabei immer der Form oder der Beschaffenheit des Gegenstandes nachfolgen. Das bedeutet beispielsweise waagerechte Pinselstriche für Ebenen, diagonale für Schrägen oder sich zum Horizont verjüngende Ebenen, senkrechte für stehende Flächen und kreisende, gebogene für runde Gegenstände.

Merke:
Für die Verlauftechnik typisch ist ein weicher, fließender Übergang von gesättigter Farbe bis zur Transparenz.

Naß-in-Naß-Technik

Die Naß-in-Naß-Technik ist wohl die reizvollste, aber auch die schwierigste Technik des Aquarells. Hier entwickelt die Farbe ihre Eigenständigkeit, ihre Beweglichkeit. Sie wird auf nassem Papier oder auf einer noch feuchten Farbschicht angewandt. Die Beweglichkeit der in Wasser gelösten Farbpigmente läßt diese auf dem noch feuchten Untergrund weich auseinanderfließen. Man sagt, die Farben »blühen« aus.

Die Naß-in-Naß-Technik bedarf großer Übung. Aber mit zunehmender Erfahrung gelingt es immer besser, die Ergebnisse weitgehend vorherzubestimmen und die Technik zielgerichtet einzusetzen.

Diese Art der Aquarellmalerei ist u. a. hervorragend für die Gestaltung von Hintergründen und bewegtem Himmel geeignet. Ebenso lassen sich mit ihr Atmosphäre und geheimnisvolle Dunstschleier auf das Papier zaubern. Durch das Ineinanderfließen und Vermischen der Farben entsteht ein weicher Gesamteindruck. Je nachdem wie feucht das Papier ist, können damit ganz verschiedene Wirkungen erzielt werden.

Merke:
In der Naß-in-Naß-Technik wird entweder auf vorher angenäßtem Papier oder auf einer Farbschicht gemalt, die noch feucht ist.

Granuliertechnik

Granuliertechnik

Bei der Granuliertechnik wird der Pinsel mit viel Farbe und wenig Wasser flach und leicht über die rauhe Papieroberfläche geführt. Die erhabenen Stellen des Papiers nehmen die Farbe auf, während die tieferliegenden weiß bleiben. Dadurch entsteht eine Struktur, eine Textur.

Diese Technik ist für all die Dinge geeignet, die eine stark strukturierte Oberfläche haben, z. B. Baumstämme, rauhe Mauern, Holz und genarbte Steine, des weiteren für das Laub der Bäume und Wasserflächen mit Lichteffekten. Voraussetzungen sind ein rauhes, stark gekörntes Papier, ein verhältnismäßig trockener Pinsel und eine leichte Hand.

Merke:
Granuliert wird auf rauhem Papier mit viel Farbe, wenig Wasser und leichten Pinselstrichen.

Naß-in-Naß-Technik

Auswaschtechnik

»Haus mit Torbogen« in Auswaschtechnik. 37 x 27 cm.

Auswaschtechnik

Bei der Auswaschtechnik werden mit sauberem Wasser und dem Pinsel aus vorhandenen Farbflächen hellere Lichter, Konturen und Flächen ausgewaschen. Da immer ein Hauch der vorhandenen Farbe zurückbleibt, entstehen weiche Konturen, die einen Eindruck von Ferne oder einen fast traumhaften Charakter vermitteln.

Der Erfolg beim Auswaschen hängt von Trocknungsgrad und der Intensität der Farben ab. Grundsätzlich ist das Ergebnis bei satter, dunkler und intensiver Farbgebung besser, bei bereits stark verwässertem Farbauftrag dagegen können nur wenige Farbpigmente entfernt werden. Die ausgewaschenen Flächen werden kaum sichtbar sein und der für diese Technik so wichtige Hell-Dunkel-Kontrast (siehe S. 32) wird äußerst schwach ausfallen.

Auch der Trocknungsgrad des Farbfeldes spielt eine große Rolle. Bei relativ feuchtem Untergrund vertreibt ein Tropfen sauberes Wasser die Farbpigmente mit weichen Übergängen. An den Rändern entstehen Pigmenthäufungen. Bei fast trockenem Papier werden die Konturen etwas breiter als ursprünglich ausgewaschen und verzahnen sich an den Rändern noch leicht. Bei trockenem Papier entstehen klar umgrenzte Flächen und Linien, die einen leicht dunkleren Rand besitzen.

Merke:
Die Auswaschtechnik bietet sich zur Korrektur intensiv gefärbter Bildflächen an. Mit sauberem Wasser und Pinsel werden Farbpigmente aus Bildpartien herausgewaschen.

Negativlasur

Die Negativlasur wird immer dann benötigt, wenn weiße Gegenstände dargestellt werden sollen oder wenn sich helle Flächen und Formen in einem farbigem oder dunklem Bildgeschehen befinden. Da Weiß eine Deckfarbe und als Aquarellfarbe nicht vorhanden ist, muß sie durch den Papieruntergrund dargestellt werden. In der Praxis bedeutet dies, daß alle weißen oder hellen Stellen eines Bildes vor dem Auftragen der Farbe festgelegt und ausgespart werden müssen. Verwiesen sei auch auf die im Handel erhältlichen Hilfsmittel und Maskierflüssigkeiten (z. B. Rubbel-Krepp), mit denen sich feinere weiße Linien abdecken lassen.

Merke:
Negativlasur bedeutet Aussparen von weißer Papierfläche im Bild, um helle, vom Licht beschienene Details darzustellen.

Negativlasur

Farbenlehre

Form und Farbe

Einen Gegenstand in seiner Form zeichnerisch richtig wiederzugeben, ein Bild optimal aufzuteilen und die Farben so zu setzen, daß die gewünschte Stimmung zum Ausdruck kommt, ist sicher nicht einfach. Schnell ist mit einer unüberlegt gesetzten Farbe der Charakter eines Bildes verändert. Aus diesem Grunde neigt man häufig dazu, nur neutrale oder abgestumpfte Farbtöne zu verwenden. Die Folge davon ist, daß diese Bilder oft flach, ohne Leben und Farbigkeit wirken. Eine reinbunte Farbe jedoch, sicher gesetzt, kann erfrischend oder spannungsgeladen ein Bild beleben. Form und Farbe sind zwei wichtige Ausdrucksmittel eines Bildes. Mit ihnen sollte man bewußt umgehen.

In der Malerei ist mit Sicherheit die Wirkung der Farbe vor die Form zu setzen; in der Zeichnung dagegen wird die Farbe ein eher schmückendes Beiwerk und die Form beherrschend sein.

Wer seinem Bild die erwünschte Stimmung verleihen und die Gegenstände ihrer Form entsprechend wiedergeben will, macht am Anfang häufig die Erfahrung, daß die Vorstellung des Bildes im Kopf vollendeter ist, als es die Hände schaffen können. Denn das Wissen um das Aussehen eines Gegenstandes, das Erfassen seiner Form, seiner Farbe, das Sehen von Licht und Schatten und das Fühlen seiner Oberflächenbeschaffenheit, bedeutet noch lange nicht, ihn malerisch wiedergeben zu können.

Das Zusammenspiel von Sehen und geistigem Erfassen und die manuelle Ausführung muß langsam, Schritt für Schritt erarbeitet werden.

Im Unterricht ist mir immer wieder aufgefallen, daß sich die Teilnehmer an meinen Kursen in zwei Gruppen einteilen lassen. Auf der einen Seite stehen die sehr »Formbewußten«, die einen Gegenstand erfassen können und auch die Fähigkeit besitzen, ihn befriedigend wiederzugeben. Dies sind die eher zeichnerisch Begabten.

Diesen Zeichnern gegenüber stehen die malerisch Veranlagten, die aus dem Gefühl heraus einen sicheren Umgang mit der Farbe besitzen. Der malerische Typ steht anfänglich gerne in Konflikt mit der Form. Die Kraft und Lebendigkeit seiner Bilder wird allein von der Farbe bestimmt.

Beides, die Wiedergabe der Form wie der gezielte Umgang mit der Farbe, kann man den persönlichen Fähigkeiten entsprechend lernen. Jeder wird über sich hinauswachsen, der den Wunsch hat, sich mit dieser Materie auseinanderzusetzen.

Sie selbst können leicht feststellen, zu welchem Typ Sie neigen. Versuchen Sie einen von Ihnen gewählten Gegenstand, einen Krug, eine Schale oder Früchte, möglichst genau zeichnerisch wiederzugeben, ihn mit Licht und Schatten und Struktur zu versehen.

Anschließend sollten Sie diesen Gegenstand, Licht und Schatten und die Beschaffenheit der Oberfläche nur mit dem Pinsel und Farbe darstellen.

Ob Sie sich dabei an die natürliche Buntheit des von Ihnen gewählten Gegenstandes halten oder ihn farblich Ihrem Gefühl entsprechend gestalten, bleibt Ihnen überlassen.

Sicherlich werden Sie feststellen, daß eine der beiden Aufgaben Ihnen leichter gefallen ist.

Die Kapitel Farbenlehre und Kompositionslehre bieten Ihnen Hilfestellung, den Umgang mit der Form zu festigen, und geben Ihnen Hinweise, wie Farben eingesetzt werden und welche Stimmungen mit ihnen hervorgerufen werden können.

Farben in der Malerei

Die im folgenden behandelte Farbenlehre soll Sie zu eigenen Gestaltungsversuchen anregen, bei denen die Probleme der Farbgebung im Vordergrund stehen sollten.

Jede Farbe hat eine ihr eigene Räumlichkeit und dadurch eine bestimmte Wertigkeit im Bildgeschehen. Blau als kühle Farbe wird immer etwas zurücktreten. Sie gilt als Farbe der Entfernung im Gegensatz zu Rot, das mit seiner Wärme in den Vordergrund rückt.

Merke:
Warme Farben kommen nach vorne - kühle Farben treten zurück.
Dunkle Farben kommen nach vorne - helle Farben treten zurück.
Intensive Farben kommen nach vorne - stumpfe Farben treten zurück.

Für das Verändern von Farbtönen durch Mischen gibt es in der Malerei drei Möglichkeiten: stoffliche Farbmischung, optisch-subtraktive und optisch-partitive Farbmischung.

Die stoffliche oder reale Farbmischung

ist das Vermengen der Farbe auf der Palette. Die Farben werden miteinander so vermischt, daß ein homogener, neuer Farbton entsteht.

Die abgebildete Farbmischskala unten basiert auf den sechs vorgeschlagenen Farben und wurde durch stoffliche Farbmischungen erreicht. Sie zeigt Ihnen die Vielfalt und das breite Spektrum der zu erreichenden Mischtöne. Versuchen Sie diese Töne nachzumischen. Sie werden feststellen, daß mit einigem Feingefühl diese Farbskala um ein beträchtliches erweitert werden kann.

Ein beispielsweise aus Blau und Gelb gemischtes Grün läßt sich in all seinen Nuancen stärker differenzieren als die genannte Palette der im Handel erhältlichen fertigen Grüntöne.

Benützen Sie für Ihre Farbskala bereits Aquarellpapier, setzen Sie die Farben in satter Mischung auf und lassen Sie diese in der Verlauftechnik immer transparenter werden.
Sie werden feststellen, daß die Entdeckung immer neuer Töne und Nuancen ein ganz persönliches Erlebnis werden kann.

Stoffliche oder reale Farbmischung

Farbmischungen

Aus den drei vorgeschlagenen Farbenpaaren Coelinblau und Ultramarinblau, Permanentrot und Echtrosa, Echtgelb und Indischgelb lassen sich eine Fülle von Farbtönen ermischen. Es kann sein, daß Ihnen das Mischen von Farben aus den drei Grundtönen manchmal zu mühselig erscheint, oder wenn Sie einen Farbton gern und oft benützen, Sie lieber auf fertige Farben zurückgreifen würden. Aber auch Lieblingstöne sind vergänglich und für mich ist es immer wieder ein neues Erlebnis, zu sehen, wie sich ein Farbton durch Hinzufügen einer anderen Farbe verändert und wie differenziert die Abstufungen sein können.

Echt-rosa
Indisch-gelb
Perma-nentr.
Echt-gelb
Indisch-gelb
Perma-nentr.
Echt-gelb
Echt-rosa
Coelin-blau
Indisch-gelb
Perma-nentr.
Echt-rosa
Echt-gelb
Perma-nentr.
Indisch-gelb
Indisch-gelb
Echt-rosa
Echt-gelb
Perma-nentr.
Ultra-marin
Coelin-blau
Indisch-gelb
Echt-rosa
Echt-gelb
Perma-nentr.
Ultra-marin
Coelin-blau
Echt-gelb
Perma-nentr.
Echt-rosa
Indisch-gelb
Ultra-marin
Coelin-blau
Echt-gelb
Echt-rosa
Perma-nentr.
Indisch-gelb

Farbmischungen aus den Farben Coelinblau, Ultramarinblau, Permanentrot 3, Echtrosa, Indischgelb und Echtgelb hell

Farben werden durch Lasur intensiver und leuchtender oder abgeschwächt

Die optisch-subtraktive Farbmischung

Gemeint ist hier ein Mischungsresultat, das beim Übereinanderlegen von transparenten oder lasierenden Farbschichten entsteht.

Subtraktion bedeutet Abziehen oder Wegnahme. Bei der optisch-subtraktiven Farbmischung handelt es sich um die Wegnahme der Lichtquelle (das weiße reflektierende Papier) durch Überlasieren und dadurch Verdichtung der Farbpigmente. Die Farbpigmente schwimmen im Binde- (z. B. Gummiarabicum) und Verdünnungsmittel (Wasser). Auch nach dem Auftrocknen der Farbschicht kann das reflektierende Licht hindurchdringen. Das durchscheinende Licht ist bei der Farbwirkung entscheidend beteiligt. Durch das Auftragen von immer neuen Schichten schwindet die Fähigkeit des Lichts, von der weißen Papieroberfläche reflektiert zu werden. Eine durch subtraktive Farbmischung entstandene Farbe ist daher stets dunkler als die hellste Einzelfarbe und die subtraktive Mischung aller Einzelfarben ergibt Schwarz.

Bei der Lasurtechnik haben Sie diese Mischungsart bereits kennengelernt. Sie ist mit ihren durchscheinenden Farbergebnissen äußerst reizvoll und kann gezielt eingesetzt im nachhinein Bilder farblich verändern.

Weg mit Bäumen, Landschaftsstudie in Lasurtechnik. 26 x 20 cm
Links: mit Echtgelb, hell wird das Laub und Teile des Vordergrundes überlasiert, rechts: die Blaugrünwerte erscheinen ohne Lasur stumpf

Übung Blumenbild

Das Blumenbild, das zur Nacharbeit empfohlen wird, ist eine gute Übung, um die Wirkung der optisch-subtraktiven Farbmischung zu erproben.
Sie können dabei herausfinden, wie die Farben durch Überlasur verändert werden. Das wird auch für zukünftige Bilder wichtig sein. Denn wie schnell ist ein Farbauftrag zu intensiv oder gar zu stumpf geraten und bedarf der Korrektur.

Zur Erinnerung nochmals der Hinweis, daß bei der Lasurtechnik jede Farbschicht absolut trocken sein muß, bevor weitere darübergelegt werden. Man kann jedoch hier ohne weiteres einen Fön zu Hilfe nehmen.

Als ersten Schritt legen Sie den Hintergrund mit einer transparenten Lasurschicht aus Coelinblau an. Dieser homogene Farbauftrag muß nun vollkommen abtrocknen, bevor Sie mit stark verwässerter Farbe und zügigen Pinselstrichen die Blüten, Stiele und Blätter in Coelinblau, Echtrosa und Indischgelb auftragen.

Durch einen dünnen Farbauftrag in Echtrosa auf die blauen Blüten und in Indischgelb und Echtgelb auf die rosa Blüten erreichen Sie verschieden starke Rotviolett- und Blauviolettöne sowie die differenzierten Orangetöne, die Sie auf dem zweiten Bild sehen. Arbeiten Sie mit großzügigen Pinselstrichen und lassen Sie dabei die Farbschichten sich teilweise überlappen. Die Stiele der Blüten werden mit einem satten Farbauftrag in Echtrosa verstärkt, auch hier überlappen sich die Farbaufträge teilweise. Die Blätter sollten nun auch mit Coelin- und Ultramarinblau sowie satterem Indischgelb überlasiert werden.

Als dritten Schritt können Sie die Farbwirkung der Blüten durch verschiedene Blau-, Gelb- und Rosatöne verstärken. Um die Form der Blüten besser ausarbeiten zu können, sollten Sie die Farben in verschiedenen Sättigungsgraden, also von leicht verwässerter bis zu extrem stark verwässerter Farbe einsetzen. Die Wir-

kung der darunterliegenden Farben wird dadurch unterschiedlich verändert, es sollten aber keine deckenden Farbschichten entstehen.

Auch das Laub wird mehr und mehr ausgearbeitet. Die stumpferen Grüntöne erreichen Sie, wenn Sie mit Ultramarinblau über Indischgelb oder umgekehrt lasieren, leuchtende Grüntöne ergeben subtraktive Mischungen aus Coelinblau und Gelb. Der Braunton der Stiele entsteht, wenn Sie über den satten Farbauftrag von Echtrosa nochmals eine transparente Schicht Indischgelb legen. Auch das lichte Blau des Hintergrundes muß nun teilweise intensiviert werden.

Im letzten Schritt dieses Bildes werden die entstandenen Farbschichten zum Teil nochmals lasierend verstärkt. Betrachten Sie dabei die leuchtenden Orangetöne, die bei den Blüten entstanden sind. Mit einer stofflichen Farbmischung könnten so differenzierte, leuchtende Farbtöne nicht erreicht werden.

Auch das Laub der Blumen muß noch ausgearbeitet und mit zusätzlichen Blattformen ergänzt werden. Einige Farbspritzer sowie eine leicht angedeutete Blüte im rechten oberen Teil vervollständigen das Bild.

Beim Nacharbeiten dieses Blumenbildes haben Sie sicherlich einige neue und interessante Farbwirkungen entdeckt, die Sie für weitere Aquarelle verwenden können.

Blumenbild in Lasurtechnik. 19 x 22 cm

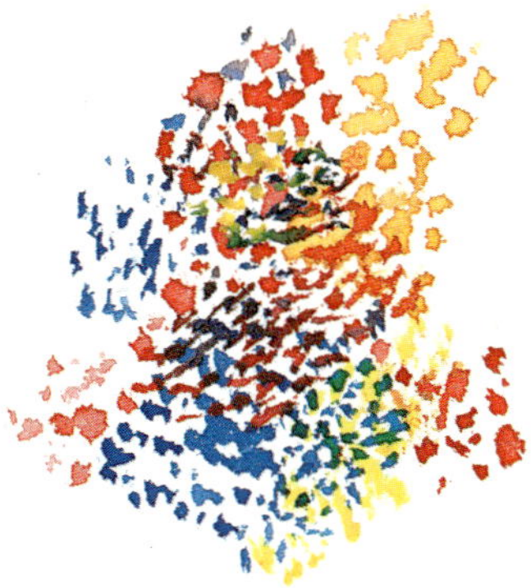

Beispiele für optisch-partitive Farbmischungen in Lasur- (rechts) und Naß-in-Naß-Technik (links)

Die optisch-partitive Farbmischung

Partition bedeutet die Aufteilung einer Menge in Teilmengen. Es handelt sich hier um eine Farbmischung, bei der kleine Farbteile durch geringe Flächengröße und entsprechende Distanz des Auges zur Bildfläche optisch so verschmelzen, daß sie einzeln mit dem bloßen Auge nicht mehr wahrgenommen werden und optisch ein neuer Farbton entsteht. Sicherlich haben Sie dies schon z. B. bei einem kleinteiligen Mosaik oder bei verschiedenfarbig ineinandergewobenen Fäden eines Gewebes erlebt.

Im Pointilismus, einer Kunstrichtung, die sich aus dem Impressionismus entwickelte, wurde diese optische Farbveränderung benutzt. Farbentupfen werden unverbunden und ungemischt nebeneinandergestellt und dem Auge des Betrachters wird die Arbeit des Farbmischens und des Erkennens eines Bildganzen überlassen.

Stilleben/Zwo von Karl-Heinz Biechler.
60 x 43 cm

Im Aquarell entsteht die optisch-partitive Farbmischung durch Ineinanderfließen der Farben direkt auf dem Papier, wobei die Ursprungsfarben zum Teil noch durch entsprechende punkt- und strichförmige Ausführung unterschieden werden können. Auf die Entfernung verschmelzen die einzelnen Farben dann zu Mischtönen.

Im Stile des Pointilismus wurde bei diesem Bild mit immenser Geduld Farbpunkt an Farbpunkt gesetzt und dadurch eine optische Farbmischung erreicht. Die unterschiedlichen Farbsättigungsgrade sowie die Dichte der Punkte lassen diese - mit einigem Abstand betrachtet - optisch zu vielzähligen Blau-, Grün-, Violett-, Orange-, Braun- und Grautönen verschmelzen. Wie bei einem kleinteiligen Mosaik ergänzt hier ein Farbpunkt den anderen und lassen mehrere miteinander eine neue Wirkung entstehen. Im Hintergrund sind die Punkte musterartig angeordnet und deuten dadurch eine Tapete an. In strichförmiger Art wurde die Flasche erarbeitet, doch scheint hier die Verschmelzung der Farbtöne aufgrund der Größe nicht so total.

Zu den optischen Farbmischungen gehören noch der Überflutungs- oder Simultankontrast, der hier nur genannt sei, sowie die additive Mischung. Die additive Mischung hat für die künstlerische Praxis des Malers so gut wie keine Bedeutung, denn sie ist die Mischung von farbigem Licht. Wirft man z. B. mit Hilfe von drei Projektoren in einem abgedunkelten Raum auf eine Leinwand die drei physikalischen Grundfarben Violettblau, Orangerot und Grün, erscheint die Projektionswand weiß. Es entsteht ein klares unbuntes Licht.

In der Praxis wird es selten sein, ein Bild in nur einer dieser Mischungsarten anzufertigen, meistens werden alle verwendet. Es ist aber interessant und lehrreich, ein Thema einmal mit realer Farbmischung, einmal mit optisch-partitiver Farbmischung und einmal mit optisch-subtraktiver Farbmischung auszuführen und die entstandenen Bilder anschließend zu vergleichen.

Farbkreis

Beim Farbkreis nach Johannes Itten, dem berühmten Lehrer am Weimarer Bauhaus, geht man von drei Farben aus:

Mittelblau - gemischt aus Ultramarinblau und Coelinblau,
Mittelrot - aus Permanentrot und Echtrosa,
Mittelgelb - aus Indischgelb und Echtgelb.

Dies sind die Farben der ersten Ordnung, Primär- oder Elementarfarben.

Diese drei Elementarfarben befinden sich in dem Dreieck in der Mitte des abgebildeten Farbkreises.

Die Spitzen dieses Dreiecks treffen jeweils auf ein äußeres Feld des Kreises. Hier ist ebenfalls die jeweilige Elementarfarbe eingesetzt. Die Farben der zweiten Ordnung bestehen aus einer Mischung von jeweils zwei Elementarfarben und befinden sich auch noch innerhalb des Farbkreises. Sie sind ihren Mischungsverhältnissen entsprechend angeordnet. Die Farben der zweiten Ordnung - oder Sekundärfarben - sind
Grün - bestehend aus Blau und Gelb,
Orange - aus Gelb und Rot,
Violett - bestehend aus Rot und Blau.

Die Plazierung dieser Farben im äußeren Kreis ist wiederum durch die Spitze der entsprechenden Dreiecke festgelegt. In Ittens Farbkreis ist jeweils noch ein Mischton zwischen Elementarfarbe und Farbe zweiter Ordnung eingesetzt, so daß der Farbkreis von Gelb ausgehend wie folgt im Uhrzeigersinn fortgeführt wird:
Gelb (Elementarfarbe) - Gelborange - Orange (Farbe zweiter Ordnung) - Rotorange - Rot (Elementarfarbe) - Rotviolett - Violett (Farbe zweiter Ordnung) - Blauviolett - Blau (Elementarfarbe) - Blaugrün - Grün (Farbe zweiter Ordnung) - Gelbgrün - Gelb.

Farben, die sich auf diesem Farbkreis gegenüberliegen, nennt man Komplementärfarben (siehe Komplementärkontrast, S. 21). Es ist empfehlenswert, diesen Farbkreis nachzuarbeiten und die zu erreichenden Grauwerte auszumischen.

Farbkreis

Der Quantitätskreis

Die Räumlichkeit und Wertigkeit der einzelnen Farben sind auf dem Quantitätskreis zu erkennen.

Der Quantitätskreis sagt aus, wie groß die Fläche einer Farbe sein muß, um auf das Auge die gleiche Wirkung zu haben wie eine andere Farbe.

Wenn man den Quantitätskreis betrachtet, stellt man fest, daß Gelb die kleinste und Violett die größte Fläche benötigt. Rot und Grün sind gleichwertig, Orange benötigt die zweitkleinste und Blau die zweitgrößte Fläche. Setzt man diese Wertigkeit in Zahlen, so erhält

Gelb	Bewertungsziffer 3
Orange	Bewertungsziffer 4
Rot	Bewertungsziffer 6
Violett	Bewertungsziffer 9
Blau	Bewertungsziffer 8
Grün	Bewertungsziffer 6

Die praktische Anwendung dieser Quantitätsunterschiede sehen Sie im Kapitel Quantitätskontrast unter Gleichgewicht und Ungleichgewicht komplementärer Farben (S. 22).

Farbkontraste

Der Komplementär-kontrast

Beim Farbkreis wurde bereits darauf hingewiesen, daß Farben, die sich auf dem Farbkreis gegenüberliegen, Komplementärfarben genannt werden. Der komplementäre Kontrast dürfte der bekannteste Farbkontrast überhaupt sein.

Merke:
Die wichtigsten Komplementärfarben sind
Gelb und Violett = Mischung aus Blau und Rot
Rot und Grün = Mischung aus Blau und Gelb
Blau und Orange = Mischung aus Rot und Gelb

Komplementärfarben beeinflussen sich gegenseitig auf unterschiedliche Weise. Sie werden auch Ergänzungsfarben genannt, weil das menschliche Auge es als angenehm empfindet, wenn sich z. B. zu einer Fläche Grün ein Rot hinzugesellt.

Quantitätskreis

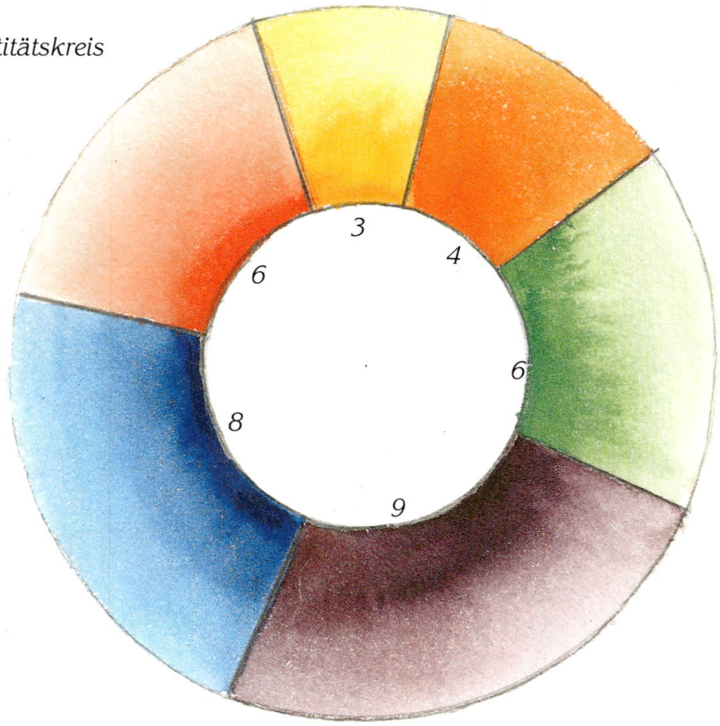

Komplementärkontrast intensiver und stumpfer Farben

Merke:
Komplementärfarben fordern sich gegenseitig.

Nebeneinander gesetzt fördern sich diese Farbenpaare gegenseitig.

Merke:
Komplementärfarben steigern sich gegenseitig zu höchster Leuchtkraft.

Tritt zugleich noch ein Kalt-Warm-Kontrast auf, setzt man beispielsweise zu einem kühlen Violett ein warmes Gelb, so wird das Gelb leuchtender und wärmer, das Violett kühler erscheinen. Namhafte Künstler wie z. B. Van Gogh setzten die Wirkung der Komplementärfarben in ihren Bildern ein und erzeugten dadurch lebhafte Schwingungen.

In der Mischung heben sich Komplementärfarben gegenseitig auf, es entsteht ein Grauwert (siehe Farbkreis äußerer Bereich, S. 20).

Merke:
Komplementärfarben vermischt vernichten sich gegenseitig.

Die Wirkungen des Komplementärkontrastes lassen sich zugunsten einer sensibleren Farbgebung abschwächen. Äußerst wirkungsvoll ist es, wenn eine Farbe als reiner Ton benutzt wird, die Komplementärfarbe dagegen in der Leuchtkraft abgeschwächt wird und in stumpfer Version erscheint (siehe auch Intensiv-Stumpf-Kontrast, S. 38).

Gleichgewicht

Ungleichgewicht (mehr visuelle Spannung)

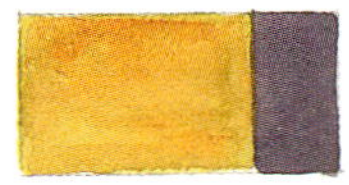

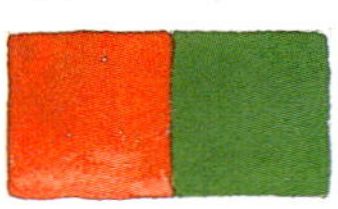

Quantitätskontrast

Der Quantitätskontrast

Eine harmonische, aus dem Gleichgewicht komplementärer Farben resultierende Farbgebung entsteht, wenn man Farben gemäß den im Quantitätskreis genannten Mengen im Bild einsetzt (siehe S. 20).

Der virtuose Gebrauch von Farben - und das weist den wahren Aquarellmaler aus - beginnt da, wo man Kontrastwirkungen durch gezieltes Abgehen von diesen Quantitäten aufbaut. Durch dieses Abgehen besteht die Möglichkeit, das Bild in visuelle Vibrationen und Schwingungen zu versetzen. Man arbeitet dann mit den Möglichkeiten und Wirkungen des Quantitätskontrastes.

Bei den links außen gezeigten Abbildungen ist dem Quantitätskreis entsprechend ein farblich optisches Gleichgewicht dargestellt.

Dieses optische Gleichgewicht wird bei Gelb und Violett durch ein Verhältnis von 3:9, bei Blau und Orange durch ein Verhältnis von 8:4 erreicht. Rot und Grün sind dem Quantitätskreis entsprechend gleichwertig und sind demzufolge im Verhältnis 1:1 darzustellen.

Gibt man eine der beiden Komplementärfarben durch größere Gesamtfläche mehr optisches Gleichgewicht, so entsteht mehr visuelle Spannung, wie die Abbildungen S. 22 Mitte und rechts deutlich machen.

Beispiel für die praktische Anwendung des Komplementär- und des Quantitätskontrastes:

Eine Fülle von Rot- und Grüntönen von stumpf bis intensiv sind im Stilleben unten vereint, erwecken Lebensfreude und lassen vielfältige Genüsse ahnen. Die Rottöne reichen von Rotorange bis Rotviolett. Sie überwiegen etwas gegenüber den Grüntönen, die von Gelb bis hin zu Blaugrün reichen. Das Bild befindet sich durch diese quantitative Aufteilung an der Grenze zwischen Harmonie und Spannung.

Stilleben von Jörg Illner. 47 x 35 cm

Schwertlilie von Ingrid Warnatz. 35 x 47 cm

Im interessanten Einklang stehen hier Farbe und Bleistiftzeichnung. Der Komplementärkontrast Violett - Gelb wurde so eingesetzt, daß die Blauvioletteile intensiv und dadurch stark wirken, während die Gelbtöne in stumpfer transparenter Ausführung - trotz größerer Quantität - mehr in den Hintergrund rücken. Ein gefühlvoll und sensibel angewandter Komplementärkontrast.

Der Sitzende. 46 x 57 cm

Orange und Blau beherrschen dieses Bild. Anscheinend wahllos eingesetzt, bilden sie den Hintergrund und das Gerüst für den Sitzenden, dessen Umrisse grob in Tusche mit einem zugespitzten Stück Holz auf den noch teilweise nassen Hintergrund gezeichnet wurden. Die wie Kristalle wirkenden Flecken im Vordergrund sind durch Aufstreuen von Salz auf die noch nasse Farbe erreicht worden. Die Aquarellfarbe ist in diesem Bild sicher nur Mittel zum Zweck, ein Gestaltungsmittel unter anderen.

Der Kalt-Warm-Kontrast

Farben wohnt an sich eine bestimmte Farbtemperatur inne. So empfindet man allgemein Rot als warm und Blau als kalt. Wo immer Farben, die wir als warm empfinden, ins Bildgeschehen eingreifen, scheinen sie dem Betrachter näher als kalte Farben. Diesen Umstand kann man sich zunutze machen, indem man durch gezielten Umgang mit dem Kalt-Warm-Kontrast eine räumliche Wirkung im Bild erreicht. Durch differenzierte Abstufungen von Kalt zu Warm kann eine farbliche Perspektive und Bewegung im Bildraum erzielt werden. Zugleich besteht die Möglichkeit, Gegenstände in ihrer Form und Art dem Betrachter näher zu bringen.

Bilder in warmen Tönen lösen im allgemeinen angenehme Empfindungen aus. Dringend benötigen solche Bilder aber einen Kontrast an kalten Tönen, um mehr Bewegung zu erzeugen und der Wärme nicht überdrüssig zu werden. Kalte Akzente in einem sonst eher warmen farblichen Umfeld können die Wirkung der warmen Farben unterstreichen und so das Bildgeschehen beleben. Die Wärme eines südlichen Themas z. B. kann durch gezielt eingesetzte kalte Schatten noch unterstrichen werden. Wie angenehm empfindet man doch unter heißer Sonne die Kühle des Schattens.

Kalt-Warm-Kontrast

Studien zum Kalt-Warm-Kontrast: Zwetschgenast links überwiegend kalte Farben, rechts überwiegend warme Farben

Diese notwendigen Gegensätze gelten umgekehrt auch für eine Farbgestaltung in überwiegend kühlen Tönen.

Jahreszeit und Gegebenheiten der Landschaft bzw. des Gegenstandes werden bestimmen, welche Farbtemperatur im Bild vorherrschen muß. Betrachten Sie z. B. eine Schneelandschaft mit kühlen grauem Himmel und kalten blauen Schatten. Ist es für Sie möglich, sich diese gleiche Landschaft in warmen Rot- und Gelbtönen

vorzustellen? Es wäre schwer, ja fast unmöglich, mit diesen Farben die Zeit des Winters zu vermitteln, die Farbe würde einer realistischen Wiedergabe entgegenstehen. Können Sie sich umgekehrt einen sonnigen Tag in überwiegend kalten blauen und violetten Tönen vorstellen?

Betrachtet man den Farbkreis auf Seite 20, so kann man feststellen, daß sich, von Gelb ausgehend, die warmen Farben rechts befinden und die kühlen Töne auf der linken Seite des Farbkreises angeordnet sind.

Der Kalt-Warm-Kontrast wurde im Bild oben eingesetzt, um die vorherrschende Stimmung zu vermitteln. Ein Novemberabend in der Toskana. Es ist bereits die Kühle der Nacht zu spüren, die aus den Bäumen aufsteigt. Die flach einstrahlende Sonne hat ihre Wirkung schon weitgehend verloren und reflektiert die Wärme nur noch in dem Wiesenstück und den Mauern des Hauses, die in warmen Orangetönen gehalten sind.

Petraio, Landschaftsstudie zum Kalt-Warm-Kontrast. 30 x 26 cm

Übung Stilleben

Ein herbstliches Stilleben entsteht mit den Mitteln des Kalt-Warm-Kontrastes.

Die Herbstpilze am Stamm eines wilden Rebstockes sind in überwiegend warmen Farbtönen, die Trauben und der Hintergrund sind teilweise in kühlen Farben gehalten. Die eher warme Farbgebung entspricht dem Farbspektrum der Natur. Sie zeigt die Sonne des Sommers, die das Wachsen und Reifen der Trauben und Pilze ermöglicht hat.

Als ersten Schritt sollten Sie sich eine Bleistiftskizze anfertigen und dabei auf die Formgebung der Pilze großen Wert legen. Der obere Pilz bildet ein Schirmdach, während der untere trichterförmig gewachsen ist.

Als nächsten Schritt legen Sie den Hintergrund an. Um die teilweise intensiven Farbtöne des Hintergrundes zu erreichen, sollten Sie Ihr Papier bei diesem Beispiel nicht nässen, sondern die Farbe satt auf das trockene Papier geben und sofort mit Wasser verziehen, so daß Ultramarinblau und Indischgelb ineinanderfließen können. Dabei sparen Sie den Ast mit den wilden Trauben und die Pilze aus (siehe Kapitel Negativlasur, S. 11). Im halbfeuchten Zustand deuten Sie mit einigen Pinselstrichen die blauen Äste links im Bild an.

Aus Echtrosa, etwas Indischgelb und einer kleinen Spur Ultramarinblau wird die Farbe der Pilzhüte ermischt. Setzen Sie die Farbe satt im Inneren des Trichters des unteren Pilzes an und ziehen Sie diese mit Wasser in formgebenden Strichen bis an den Rand. Da der Hintergrund teilweise noch feucht ist, verbindet sich dessen Farbe an einigen Stellen mit der des Pilzes und läßt neue Farbmischungen entstehen.

Mit kleinen Pinselspuren in sattem Indischgelb und Echtrosa formen Sie den Trichter des Pilzes noch mehr aus. In der Zwischenzeit ist der Hintergrund bereits trocken geworden und Sie können rechts oben, mit einer stark verwässerten Farbmischung des Pilzes noch eine leichte Lasurschicht in diagonalen Strichen auftragen. In zartem Indischgelb müssen jetzt auch die Stiele der Pilze farblich festgelegt werden.

Im dritten Schritt malen Sie als erstes den Schirm des oberen Pilzes. Geben Sie dabei Ihrer Farbmischung noch etwas mehr Echtrosapigmente zu und lasieren Sie in mehreren Schichten. Dabei sollten Sie Ihre Farbe mit Indischgelb und Echtrosa teilweise noch differenzieren. Mit der gleichen Farbmischung in starker Verdünnung lasieren Sie einige Stellen auf das lichte Gelb der Stiele und Pilze. Führen Sie Ihren Pinsel dabei immer der Form der Stiele nach.

Nunmehr sind nur noch die Trauben in unterschiedlichen Violettönen, gemischt aus Ultramarinblau und Echtrosa, von warmem Rotviolett bis kaltem Blauviolett zu malen sowie der Zweig, der in sattem Echtrosa mit zeichnerischem Pinselstrich gesetzt wird. Dieses Farbenspektrum entspricht dem Farbenspiel in der Natur. Es zeigt uns, daß die Natur der beste Lehrmeister für den Umgang mit Farben ist.

Mit der Violettmischung der Trauben müssen Sie nun die Tiefe des Trichters des unteren Pilzes intensivieren und mit etwas Blau differenzieren Sie noch die senkrechten Äste links im Bild.

Herbstliches Stilleben im Kalt-Warm-Kontrast gehalten. 25 x 22 cm

Betrachten Sie nunmehr Ihr Bild aus einigem Abstand und nehmen Sie, wenn notwendig, noch Änderungen vor. Zu hell geratene Stellen können mit Farbe etwas verstärkt, zu kräftig gelungene können durch Auswaschen abgeschwächt werden.

Farbenspiel im Kalt-Warm-Kontrast.
36 x 53 cm

Das Augenmerk dieses Bildes liegt auf einem leuchtenden Rot-Orange-Bereich, der von kalten Blau- und Blaugrün- sowie dunklen Schwarzbrauntönen umgeben ist. Durch diese Kombination der Farben scheint es, als würde dieser Rot-Orange-Teil ein inneres Glühen besitzen. Diese Wirkung wird durch die Anwendung zusätzlicher Kontraste wie Komplementärkontrast von Orange und Blau und Intensiv-Stumpf-Kontrast noch mehr gesteigert.

Das harmonische Zusammenspiel von kalten und warmen Farbtönen geben diesem Bild trotz der aufregenden und unruhigen Strichführung den Zusammenhalt. Ein steiler Weg führt durch natürlich gewachsenes Baumgestrüpp in eine lichte Weite. Die hellen Flecken oben links sind ein Zufallsprodukt, es hatte kurz zuvor geregnet und durch einen Windstoß geriet der Baum, unter dem ich saß, in Bewegung, und es fielen einige Wassertropfen von den Blättern auf mein noch feuchtes Bild. Ich habe diese Wassertropfen akzeptiert und betrachte sie heute als wichtigen Bestandteil dieses Bildes.

Lechauen bei der Oskar-Weinert-Hütte, Landschaft im Kalt-Warm-Kontrast. 51 x 45 cm

Hintergrund hell, Mittelgrund mittel bis halbdunkel, Vordergrund dunkel

Der Hell-Dunkel-Kontrast

Der Hell-Dunkel-Kontrast wird in der Aquarellmalerei sehr häufig genutzt. Mit Aquarellfarben kann man sehr gut transparente helle und dennoch leuchtende Farben gesättigten oder dunkel-getrübten gegenübersetzen. Je mehr sich auf einer Bildfläche benachbarte Farben hinsichtlich Helligkeit und Farbsättigung unterscheiden, desto stärker ist die Kontrastwirkung. Ein ausgeprägter Hell-Dunkel-Kontrast wird immer zum spannungsgeladenen Blickpunkt, Mittelpunkt eines Bildes werden. Er sollte jedoch gezielt plaziert und sparsam eingesetzt werden.

Wie sich eine Landschaft in ihrer räumlichen Wirkung verändern läßt, wenn dunkle Bildpartien in verschiedenen Ebenen eingesetzt werden, zeigen Ihnen die nebenstehenden Abbildungen.

Bei Abbildung oben werden gemäß den Gesetzen der Farbperspektive die Farben von hinten nach vorne immer dunkler und satter. Es entsteht dadurch farblich eine räumliche Tiefenwirkung.

Hintergrund dunkel, Mittelgrund hell, Vordergrund mittel

Bei der Abbildung in der Mitte wurde die dunkle Farbpartie in den Mittelgrund gesetzt. Dieser erhält dadurch eine neue Wertigkeit und Gewichtigkeit, er rückt optisch mehr in den Vordergrund. Die Tiefenwirkung des Bildes ist dadurch nicht mehr so ausgeprägt.

Bei der Abbildung links unten stehen die dunkelsten Tonwerte im Himmelbereich, die hellsten befinden sich im Mittelgrund und der Vordergrund ist in mittleren Tönen gehalten. Der dunkel getönte Himmel scheint hier das Bild zu erdrücken, die Tiefenwirkung ist gestört und fast aufgehoben.

Hintergrund mittel, Mittelgrund dunkel, Vordergrund hell

Übung Blumenbild

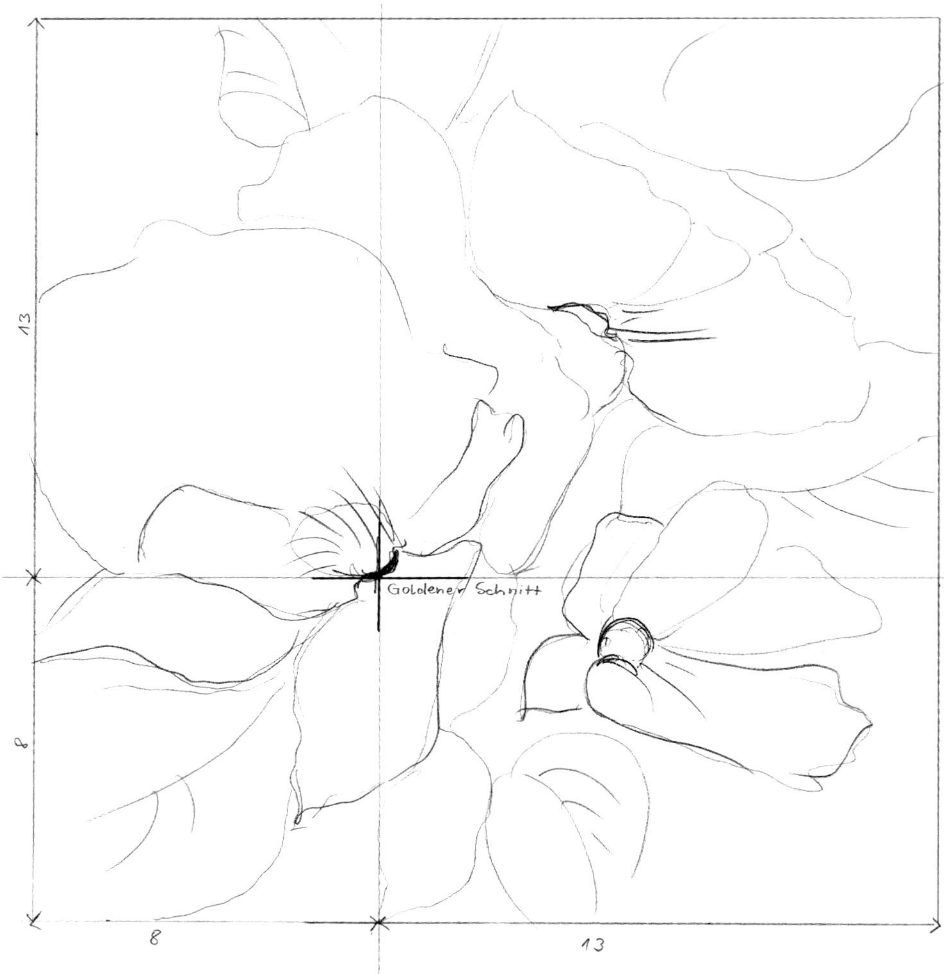

Hibiskusblüten werden mit den Mitteln des Hell-Dunkel-Kontrastes gemalt.

Beim Skizzieren der Hibiskusblüten müssen Sie aus kompositionellen Gründen auf einige wichtige Dinge achten:

Das fertige Bild sollte nach Möglichkeit ein quadratisches Format besitzen, da das große Rund der einzelnen Blüte mit diesem Format im besten Einklang steht. Um mehr Spannung zu erzeugen, ist die große Blüte zum Teil angeschnitten, sie ist deshalb auf dem Bildformat nicht ganz zu sehen.

Dadurch besteht die Möglichkeit, dem Betrachter etwas zu suggerieren. Denn er weiß ganz genau, daß die Blüte nicht mit dem Bildrand endet, daß sie weitergehen muß und sich demzufolge außerhalb des Bildes noch mehr Blumen und Blätter befinden müssen. Es ist so möglich, durch Abbildungen von Teilen eines Ganzen in der Phantasie etwas Komplettes entstehen zu lassen.

Der gelbe Blütenstempel, der Mittelpunkt der großen Hibiskusblume, sollte sich im »Goldenden Schnitt« befinden, denn große bildbeherrschende Formen müssen stets ihren richtigen Bildort einnehmen und hier bietet die Anwendung des »Goldenen Schnittes« eine ausgewogene Lösung.

Der Goldene Schnitt

Der Goldene Schnitt ist ein uraltes Gesetz harmonischer Maßverhältnisse: Er besagt, daß sich eine Strecke so teilt, daß sich der größere Abschnitt zum kleineren so verhält wie die Gesamtstrecke zum größeren Abschnitt. Der Goldene Schnitt teilt eine Strecke im Verhältnis von 13:8 Teilen in der Horizontalen wie in der Vertikalen. Er spielt in der bildenden Kunst und Ästhetik eine große Rolle und liegt häufig den Kompositionen großer Maler zugrunde. Um im Alltag nicht ständig mit dem wenig brauchbaren Maßverhältnis von 13:8 Teilen umgehen zu müssen, können Sie von einer Aufteilung im Verhältnis von knapp 2/3 zu gut 1/3 des Bildes ausgehen.

Die kleinere Blüte im oberen Teil des Bildes und die halboffene Knospe unten rechts sollten nur mit einigen Strichen angedeutet werden. Für die Blätter, die die Blüten umgeben, reichen ebenfalls einige formbeschreibende Striche.

Bei der farblichen Gestaltung Ihres Bildes sollten Sie sich beim Hell-Dunkel-Kontrast stets von den hellen Bildflächen zu den dunkleren, intensiven Bildpartien hinarbeiten und Schritt für Schritt die kräftigeren Teile verstärken. Dabei ist es notwendig, daß Sie Ihr Bild immer wieder aufstellen und aus einigem Abstand betrachten, um beurteilen zu können, ob die Farbgebung bereits intensiv genug ist oder ob sie noch etwas verstärkt werden muß.

Verwenden Sie die Farben Echtrosa, Indischgelb und Ultramarinblau. Im ersten Schritt legen Sie in zum Teil zarten Echtrosatönen die Blüten an, wobei einige Blütenblätter weiß bleiben, also negativ erarbeitet werden. Um die Kontrastwirkung bereits jetzt etwas sehen zu können, sollten die weißen ausgesparten Flächen mit etwas satterer Farbe umgeben werden. Mischen Sie teilweise dem Echtrosa

tigem Rotviolett, eine im linken Bildrand mit sattem Echtrosa in mehr strichförmiger Ausführung. Unterhalb des Blütenstempels befindet sich der dunkelste Teil des Bildes, ein sattes dunkles Rotbraun, gemischt aus Echtrosa, Ultramarinblau und Indischgelb. Auch die Blätter im Umfeld werden lasierend in Gelb- und Blaugrüntönen in ihrer Form gefestigt. Mit einigen Pinselstrichen können Sie bereits jetzt zeichnerische Akzente setzen.

Bevor Sie nun weiterarbeiten, sollten Sie Ihr Bild in Ruhe einige Zeit betrachten und es abtrocknen lassen. Denn jetzt müssen in mehr zeichnerischer Ausführung die Form der Blüten und Blätter mit fragmentierenden Pinselstrichen noch stärker gefestigt und betont werden. Sie können dazu Ihren dünneren Pinsel verwenden, doch wenn Sie bereits etwas mehr Übung besitzen und Ihr stärkerer Pinsel gut gepflegt ist und über eine feine Spitze verfügt, dann sollten Sie ihn gebrauchen. Eine dickere Pinselquaste kann mehr Farbe aufnehmen und Sie können damit fließender arbeiten, da Sie nicht so oft den Pinsel

etwas Ultramarinblau zu. Lichte Gelb- und Gelbgrüntöne für die Blätter werden in noch nasse Bildpartien in formgebenden Pinselstrichen gelegt. Den Blütenstempel setzen Sie in sattem Gelb, und mit etwas mehr Wasser ziehen Sie die Farbe mit einigen Strichen nach außen.

In zum Teil halbtrockenen, zum Teil trockenen Zustand erfolgt nun die weitere farbliche Ausarbeitung. Unterhalb der großen Hibiskusblüte verstärken Sie das Echtrosa mit einem kräftigen Rotviolett, gemischt aus Echtrosa und Ultramarinblau. Teile der oberen, kleineren Blüte sowie der Knospe müssen ebenfalls intensiver gestaltet werden.

Zwei kräftige Bildpartien scheinen aus dem Bild hinauszufließen, eine unterhalb der großen Blume in kräf-

Hibiskusblüten, Blumenstudie im Hell-Dunkel-Kontrast. 45 x 47 cm

in die Farbe tauchen müssen. Bei einem feineren Pinsel müssen Sie oft Ihren Strich unterbrechen, um neue Farbe aufzunehmen, dies hindert die Spontaneität, und die Pinselarbeit wirkt zittrig und unprofessionell.

Lasierte formbetonende Flächen in Blaugrüntönen müssen nun da und dort über die Blätter gegeben werden. Auflockern können Sie Ihr Bild noch mit einigen Farbspritzern. Dazu tauchen Sie Ihren dickeren Pinsel in flüssige Farbe, halten ihn am hinteren Ende des Pinselstiels mit der linken Hand fest und schlagen kurz mit dem rechten Zeigefinger auf die Metallhülse der Pinselquaste. Dies sollten Sie jedoch vorher auf einem anderen Blatt üben, um ein Gefühl für die Richtung und Stärke der Farbspritzer zu bekommen.

Nelken, Blumenstudie im Hell-Dunkel-Kontrast. 16 x 20 cm

Das Nelkenbild zeigt einen ausgeprägten Hell-Dunkel-Kontrast. Beachten Sie, wie wichtig die linke untere Nelke für das Bildgeschehen geworden ist. Hier befindet sich in der Farbgebung der größte Wertunterschied von rein Weiß zu dunklen Blau- und Rotviolettönen. Schritt für Schritt wurden von dieser Weißfläche ausgehend Töne aufeinandergelegt, die zunehmend dunkler gehalten wurden.

Der Intensiv-Stumpf-Kontrast

Um reinbunte Farben stumpfer oder getrübter erscheinen zu lassen, gibt man ihnen Spuren ihrer Komplementärfarben zu. Die dadurch entstehenden Graufaktoren trüben die Farben und lassen sie schmutziger erscheinen (siehe auch Komplementärkontrast, S. 21). Durch das Zusammenspiel einer reinen Farbe mit getrübten Farben können Bilder von starker Ausdruckskraft entstehen. Denn eine reine Farbe wird durch stumpfe Umgebungsfarben in ihrer Leuchtkraft gesteigert und gewinnt dadurch an Intensität.

Die intensive Farbe sollte nicht in zu großen Mengen eingesetzt werden. Je sparsamer man mit ihr umgeht, desto wirksamer ist der Kontrast. Natürlich läßt sich dieses Wertverhältnis jederzeit umkehren. Man kann einen stumpfen Teil mit leuchtenden Farben umgeben, es besteht jedoch dann die Gefahr, daß die getrübte Farbe im Bild verschwindet und von den intensiven Farben erdrückt wird.

Um dies besser beurteilen zu können, ist es zweckmäßig, beim Aufbau des Bildes die in geringem Ausmaß verwendete Farbe zuerst zu setzen und darauf zu achten, daß sie ihren richtigen Bildort einnimmt. Erst dann sollte man mit den Umgebungsfarben weiterarbeiten.

Intensiv-Stumpf-Kontrast: ein strahlend intensives Rot inmitten eines Mosaiks stumpf ausgemischter Farben.

Übung Landschaft

»Spaziergang nach dem Regen« heißt diese Landschaftsstudie, die ein Übungsbeispiel für den Intensiv-Stumpf-Kontrast sein kann.

Als erstes sollten Sie sich eine Skizze anfertigen und darauf achten, daß sich die beiden Personen - Mutter und Kind - im Goldenen Schnitt befinden, denn sie sind das intensiv-farbige Zentrum des Bildes. Zu beachten ist auch die extreme Verjüngung des Weges zum Horizont. Wäre die Straße im Vordergrund nur halb so breit, würde sie den Eindruck erwecken, steil anzusteigen. Die umgebende Landschaft brauchen Sie nur grob anzureißen, wichtig sind der Weg, die Personen und die Häuser im Hintergrund.

Ist alles grob skizziert, sollten Sie die beiden Spaziergänger in ungetrübter Farbe - hier ist es Permanentrot und Indischgelb - mit schnellen, flüchtigen Pinselstrichen malen. Leicht gebrochen, stumpfer erscheint das Rot in den Dächern der Häuser. Um diese stumpfere Farbe zu erhalten, mischen Sie dem Rot einige Spuren Blau und sehr wenig Gelb bei.

Durch den Gebrauch der reinbunten Farbe fällt es Ihnen nun leichter zu beurteilen, ob Mutter und Kind den richtigen Bildort eingenommen haben. Es ist jetzt ohne weiteres noch möglich, den Standort der Personen zu korrigieren. Die Landschaft muß nur entsprechend erweitert oder beschnitten werden.

Nun können Sie mit dem Anlegen des Hintergrundes beginnen. Das Grau des Himmels ist aus Ultramarinblau, Echtrosa und etwas Indischgelb gemischt und mit einem breiten Pinsel in senkrechten Strichen ausgeführt. Auf der linken Seite können Sie den Himmel bis zum Weg farbig anlegen, rechts dagegen nur bis zu den Häusern.

Während die Farbe noch feucht ist, können Sie mit dem Rundpinsel die Bäume links des Weges andeuten. Geben Sie dem Grau Ihres Himmels noch etwas Coelinblau zu und lassen Sie an einigen Stellen ein lichtes Rosa und Gelb erscheinen. Der Landschaftsausschnitt rechts wird mit schnellen Strichen lasierend angelegt.

Spaziergang nach dem Regen, Landschaftsstudie im Intensiv-Stumpf-Kontrast. 38 x 30 cm

Fügen Sie Ihrer Farbe Permanentrot und etwas Gelb zu, mischen Sie ein strumpfes Braun, das in leicht wässriger Lösung mit diagonalen Pinselstrichen auf den Weg aufgetragen wird.
Nun sollte das Bild etwas abtrocknen. Mit lasierenden Pinselstrichen in verschiedenen Blau- und Blaugrautönen ist das Laub und die Stämme und Äste zu malen. Einige dunkle Akzente im Vordergrund geben dem Bild mehr Tiefe. Auch der Weg muß erst lasierend in diagonalen Strichen, und wenn diese fast trocken sind, in waagerechten Strichen für den Schatten der Bäume erarbeitet werden. Die Wiesen links im Bild sollten mit einem leichten Farbauftrag, zum Teil in Indischgelb, zum Teil in Echtrosa, versehen werden. Beachten Sie dabei die Pinselführung. Sie endet mit einem Bogen zum Weg. Dadurch erreichen Sie, daß die Wiese ansteigt und der Weg etwas tiefer liegt. Mit einigen intensiven Punkten in Rot, Gelb und Blau auf der Staße und etwas Gelb bei den Bäumen runden Sie das Bild farblich ab.

Dieses Thema ist auch ohne weiteres in umgekehrter Farbgebung zu gestalten. Stellen Sie sich saftiges Grün und blühende Wiesen unter strahlend blauem Himmel vor und lassen Sie in dieser leuchtenden Landschaft in stumpfen Farben gehaltene Personen spazierengehen.

Vergleichen Sie nun die Bilder, S. 39 und 40, so können Sie feststellen, daß sich die Thematik geändert hat. Während bei der ersten Version die Menschen im Mittelpunkt stehen, ist beim zweiten Bild der strahlende Sommertag und die Landschaft wesentlich wichtiger, die Spaziergänger erscheinen nebensächlich. Diese Erkenntnis eröffnet Ihnen einen Weg, durch Farben die Bildthematik zu beeinflussen, ja sogar zu bestimmen.

Rapsfelder im Intensiv-Stumpf-Kontrast. 64 x 46 cm

Immer wieder begeistert mich im Juni das strahlende Gelb blühender Rapsfelder, das so intensiv leuchtet, so daß auch weiter entfernt liegende Felder deutlich zu sehen sind. Ganze Landschaften werden davon beherrscht. Ein Gelb, das vor Frische nur so triumphiert und ganz anders wirkt als das goldene Gelb reifer Kornfelder. Für mich ist das Gelb der Rapsfelder immer erregend, während reife Kornfelder mir ein Gefühl der Zufriedenheit und Geborgenheit geben. Wenn der Juni, wie so oft in unseren Breiten, verregnet ist, und der Himmel in einem stählernen Grau über den Feldern steht, dann gewinnen die Rapsfelder eine besondere Leuchtkraft. An einem solchen Tag entstand dieses Bild, bei dem die Natur die Farben bestimmte, das intensive Gelb des Rapses in einem fast dramatischen Kontrast zu dem Grau des Himmels stand und sogar das Grün der Bäume durch die Kraft der gelben Felder fahl und stumpf wirkte. Es ist ein Bild des Augenblicks vom Intensiv-Stumpf-Kontrast beherrscht, das die Spannung in der Natur kurz vor einem Unwetter vermittelt.

Pflaumen, Studie im Intensiv-Stumpf-Kontrast von Annelore Frank. 42 x 60 cm

Auch dieses Bild der Pflaumen ist in einem Intensiv-Stumpf-Kontrast gestaltet. Während jedoch bei dem Bild »Rapsfelder« die Natur die Farben bestimmte, wurde hier aus kompositionellen Gründen zum Teil auf die Gegenstandsfarbe verzichtet. Das kräftige Grün des Laubes ist durch stumpfe rotviolette und gelbgrüne Töne ersetzt, um das Blau der Pflaumen noch stärker wirken zu lassen. Dadurch gesellte sich zu dem Intensitätskontrast noch ein Temperaturkontrast.

Der polare Kontrast

Als polaren oder harten Kontrast bezeichnet man den Farbkontrast, bei dem nur zwei Primär- oder Elementarfarben verwendet werden, also
Rot und Blau oder
Gelb und Rot oder
Gelb und Blau.

Durch das Fehlen der dritten Primärfarbe entsteht ein harter, spannungsgeladener Farbkontrast.

Weich im Vergleich dazu wirkt der Komplementärkontrast, der jeweils aus einer Primär- und einer Sekundärfarbe besteht und somit alle drei Elementarfarben beinhaltet, eine rein und ungemischt und die zweite aus einer Mischung der verbleibenden beiden Elementarfarben, z. B. Rot (Elementarfarbe) und Grün (Sekundärfarbe, gemischt aus Blau und Gelb).

Gibt man einer der beiden Elementarfarben ein stärkeres Gewicht, so können bei gleichem Kontrast gefühlsmäßig unterschiedliche Wirkungen hervorgerufen werden. Setzt man z. B. eine kleine Fläche Rot in ein großes Feld Blau, so wirkt das Bild insgesamt kühl. Ändert man dieses Verhältnis und verwendet viel Rot und wenig Blau, erhält das Bild einen warmen Charakter.

Stumpft man eine der beiden Farben ab, hellt man sie auf oder trübt sie ein, mildert sich dieser harte Kontrast.

Übersicht polarer Kontraste: oben Rot und Gelb, Mitte Blau und Gelb, unten Rot und Blau

Zum Abstumpfen reiner Farben verwendet man die dazugehörende Komplementärfarbe, wodurch die dritte Elementarfarbe zum Einsatz kommt (siehe auch Farbkreis - Ausmischung der Grauwerte, S. 20).

Virgo, polarer Kontrast. 48 x 43 cm

Rot und Blau beherrschen dieses Bild, dessen spannungsgeladene Wirkung durch Hinzufügen von stumpferen Farben - des hellen Blaugraus des Aktes sowie der Rotbrauntöne im Hintergrund wie auch in der Figur gemildert ist. Auch der klar umgrenzte weiße Fleck schwächt den harten Kontrast etwas ab. Die leuchtenden blauen und roten Farben des Hintergrundes unterstreichen in ihrer Struktur die ruhige und klare Linienführung des Aktes.

Außer dem polaren Kontrast wurden in diesem Bild der Kalt-Warm- sowie der Intensiv-Stumpf-Kontrast verwendet.

Blaue Fische - gelbe Fische im polaren Kontrast von Maike Mensing.
63 x 49 cm

Konsequent nur mit Blau und Gelb wurde in diesem Bild gearbeitet. Allein durch diese farbliche Komposition entstand trotz der weichen, ineinanderfließenden Linienführung ein strenger Gegensatz. Die fehlende Harmonie ist in diesem Bild beabsichtigt. Der Arbeitsgang erwies sich nicht immer als einfach, es kam bei der Malerin immer wieder der Wunsch auf, Grün und Rot setzen zu wollen, um den harten farblichen Kontrast zu mildern, doch schließlich siegte die Disziplin und der Wunsch, sich mit dem polaren Kontrast auseinandersetzen zu wollen.

Transparenter Farbkreis

Harmonische Dreiklänge - Triaden

Beim Malen mit Ihren Aquarellfarben haben Sie sicherlich schon festgestellt, daß die Farben unterschiedliche Eigenschaften haben. Einige scheinen mehr Deckfähigkeit zu besitzen und sind bei der Lasur schnell gesättigt. Andere wiederum haben eine hohe Transparenz und lassen sich beim Lasieren mehrfach aufeinanderlegen. Farben, die mehr Deckfähigkeit besitzen, nennt man opak im Gegensatz zu den transparenten Aquarellfarben.

Von Farbenhersteller zu Farbenhersteller können sich die Farben erheblich unterscheiden. Sie besitzen dann zwar den gleichen Namen, doch ihre Transparenz bzw. Opazität ist nicht gleich. Die in diesem Buch verwendeten Farben sind Horadam-Künstler-Aquarellfarben der Fa. Schmincke.

Die Opazität der Farben läßt sich jedoch leicht mit einem Versuch testen. Man zieht auf ein Blatt Papier einen Streifen mit schwarzer, wasserfester Tusche oder mit schwarzer Deckfarbe. Darüber legt man nun die einzelnen Farben in einer Lasurschicht. Deutlich wird dann sichtbar, welche Farben größere Deckeigenschaften besitzen.

Sollten Sie im Besitz von Aquarellfarben anderer Hersteller sein, empfehle ich Ihnen diesen Versuch unbedingt. Nur so können Sie herausfinden, welche Ihrer Farben transparent oder opak sind und folgende Farblehre richtig durchführen.

Primärer Dreiklang

Indischgelb
Echtrosa
Ultramarinblau

Sekundärer Dreiklang

Orange
Violett
Grün

Tertiäre Dreiklänge

Gelborange
Rotviolett
Blaugrün

Rotorange
Blauviolett
Gelbgrün

Diese Beziehung nennt man Dreiklänge oder Triaden.

Dreiklänge liegen sich auf dem Farbkreis diametral gegenüber, d.h. bildet man ein Dreieck von Gelb zu Rot zu Blau und wiederum zu Gelb, so erhält man bereits die erste Dreiergruppe, den sogenannten primären Dreiklang. Mit einem gleichschenkligen Dreieck lassen sich ebenfalls die Sekundärfarben Orange, Violett und Grün verbinden. Sie bilden den sekundären Dreiklang. Auch die Farben dritter Ordnung, die sogenannten Tertiärfarben, können in diese Dreierbeziehung gebracht werden.

Opaker Farbkreis

Bei der Auswahl der drei Farbenpaare des obigen Herstellers habe ich darauf geachtet, daß jeweils einer der Blau-, Rot- oder Gelbtöne transparent und der andere leicht opak ist.

Zu den transparenten Farben gehören Ultramarinblau, Echtrosa, Indischgelb, zu den opaken zählen Coelinblau, Permanentrot 3 und Echtgelb hell.

Stellt man nun mit den transparenten Farben Ultramarinblau, Echtrosa und Indischgelb einen Farbkreis zusammen, kann man feststellen, daß die Mischungen leuchtende Orange- und Violettöne, aber stumpfe Grünwerte ergeben. Es handelt sich um einen transparenten Farbkreis.

Erarbeitet man einen Farbkreis mit den opaken Farben Coelinblau, Permanentrot 3 und Echtgelb hell, ergeben sich leuchtende Orange- und Grüntöne, die Violettöne dagegen erscheinen stumpf. Dieser Farbkreis ist opak.

Mischt man nun jeweils beide Blau-, Rot- und Gelbtöne, so erreicht man Hochblau, Hochrot und Hochgelb. Die Farben sind nunmehr halbtransparent. Betrachtet man diesen halbtransparenten Farbkreis, kann man feststellen, daß die orange-violetten sowie die Grüntöne leuchtend sind.

Über die Beziehung zweier Farben zueinander wurde bereits bei der Behandlung des Komplementärkontrastes und des polaren Kontrastes einiges gesagt. Dieses Kapitel befaßt sich nunmehr mit der harmonischen Beziehung dreier Farben zueinander.

Primärer Dreiklang

Echtgelb
Permanentrot 3
Coelinblau

Sekundärer Dreiklang

Orange
Violett
Grün

Tertiäre Dreiklänge

Gelborange
Rotviolett
Blaugrün

Rotorange
Blauviolett
Gelbgrün

Halbtransparenter Farbkreis

Die beiden daraus resultierenden tertiären Dreiklänge sind: Gelborange, Rotviolett und Blaugrün sowie Rotorange, Blauviolett und Gelbgrün.

Bilder, die farblich in diesen Triaden aufgebaut werden, besitzen eine gewisse Farbharmonie. Dabei muß jedoch unbedingt die Transparenz bzw. die Opazität der Farben berücksichtigt werden. Eine wirkliche Harmonie entsteht nur dann, wenn die Dreiklänge jeweils nur aus transparenten, halbtransparenten oder opaken Farben bestehen. Ersetzt man z. B. bei einem transparenten Dreiklang nur eine der Farben durch die entsprechende aus dem opaken Farbkreis, entsteht bereits mehr visuelle Spannung.

Dieses Wissen um die Harmonie dreier Farben und die Kenntnis, wie diese Harmonie in Spannung umgewandelt werden kann, wird Ihnen bei der farblichen Gestaltung Ihrer Bilder von großem Nutzen sein. Wollen Sie ein harmonisches Bild mit drei Farben malen, so sollten Sie sich auf den Dreiklang eines Farbkreises beschränken. Dieser kann transparent, halbtransparent oder opak sein. Ist es Ihr Ziel, mehr Spannung mit einer Dreiergruppe zu erreichen, so müssen Sie eine der Farben durch die entsprechende eines anderen Farbkreises ersetzen.

Primärer Dreiklang

Hochgelb
Hochrot
Hochblau

Indischgelb + Echtgelb
Permanentrot 3 + Echtrosa
Ultramarinblau + Coelinblau

Sekundärer Dreiklang

Orange
Violett
Grün

Tertiäre Dreiklänge

Gelborange
Rotviolett
Blaugrün

Rotorange
Blauviolett
Gelbgrün

Meditation, aus den Primärfarben des transparenten Farbkreises aufgebaut. 52 x 53 cm

Aus der transparenten, primären Dreiergruppe Echtrosa, Ultramarinblau und Indischgelb entstand dieses Bild. Die Farben wurden rein gesetzt und Farbmischungen ergaben sich dort, wo Farben auf dem Papier ineinanderflossen (siehe optisch-partitive Farbmischung, S. 18).

Die elementare Kraft der drei Grundfarben unterstreicht wirkungsvoll den meditativen Charakter dieses Bildes. Bewußt sind zeichnerische Mittel nur sparsam eingesetzt worden.

Toskanischer Herbst, Landschaft aus den Tertiärfarben des halbtransparenten Farbkreises komponiert. 62 x 55 cm

Fast graphisch mutet dieses Bild an. Die Farben der tertiären Dreiergruppe - Blauviolett, Rotorange und Gelbgrün - bringen die Stimmung des Herbstes deutlich zum Ausdruck. Hier sind Form und Farbe bewußt zueinander gesetzt.

Das Gefühl eines Baumes, Studie in den Tertiärfarben des opaken Farbkreises. 47 x 51 cm

Gelborange, Rotviolett und Blaugrün - eine tertiäre Triade - sind im Mittelpunkt dieses Bildes intensiv und deutlich zueinander gesetzt. Rechts dagegen wurden Rotviolett und Blaugrün in stumpfer Farbgebung einem intensiven Gelborange gegenübergestellt. Die umgebenden Farbtöne entstanden wiederum durch Farbmischungen der drei verwendeten Farben auf dem Papier und bilden dadurch eine harmonische Umrahmung.

Monochromatische Farbfelder

Als sogenanntes *monochromatisches* Farbfeld bezeichnet man ein geschlossenes Farbfeld, das von einer Elementarfarbe ausgehend sich in Abstufung der nächsten Elementarfarbe nähert. Im Gegensatz dazu bezeichnet man mit *monochrom* einen einheitlichen einfarbigen, homogenen Farbauftrag.

Betrachtet man den Farbkreis, so fällt es leicht, diese monochromatischen Farbfelder zusammenzufassen. Beginnt man im Uhrzeigersinn bei Gelb, so setzt sich das erste Farbfeld wie folgt zusammen: *Gelb*, Gelborange, Orange, Rotorange. Rot wäre bereits die nächste Elementarfarbe und gehört demzufolge nicht mehr zu diesem monochromatischen Farbfeld.

Zweites Farbfeld: *Rot*, Rotviolett, Violett, Blauviolett.

Drittes Farbfeld: *Blau*, Blaugrün, Grün, Gelbgrün.

Monochromatisches Farbfeld: Rot-Orange, Orange-Gelborange

Monochromatisches Farbfeld: Gelb-Blaugrün, Gelb-Gelbgrün, Grün-Blaugrün

Verwendet man die Farbgebung monochromatischer Farbfelder in der Praxis, entstehen Bilder in einer gewissen Art von Ton-in-Ton-Malerei, zu der in weichem, harmonischen Kontrast die jeweilige Elementarfarbe steht, wie die folgenden drei Beispiele zeigen.

Monochromatisches Farbfeld: Blau-Rotviolett, Blau-Blauviolett, Violett-Rotviolett.

Geht man gegen den Uhrzeigersinn im Farbkreis vor, so bilden sich drei weitere monochromatische Farbfelder.

Viertes Farbfeld: *Gelb*, Gelbgrün, Grün, Blaugrün.

Fünftes Farbfeld: *Blau*, Blauviolett, Violett, Rotviolett.

Sechstes Farbfeld: *Rot*, Rotorange, Orange, Gelborange.

Spannungsgeladene Farbkombinationen

Durch bestimmte Farbkombinationen ist es möglich, Gefühle zu wecken. Diese Gefühle können ganz unterschiedlicher Natur sein und reichen von Wärme, Freundlichkeit, Heiterkeit bis hin zu Kälte, Traurigkeit, Melancholie, ja sogar Aggression. Es gibt Farbkombinationen, die als *spannungsgeladen,* im Volksmund oft als nicht passend empfunden werden.

Meines Erachtens gibt es jedoch keine unpassenden Farbzusammenstellungen. Entweder sind sie harmonisch oder spannungsgeladen. Als polarer Kontrast ist bereits die harte Beziehung zweier Elementarfarben gekennzeichnet, denen die dritte Elementarfarbe fehlt. Bei den Tertiärfarben gibt es Farbenpaare, die, sobald eine Grundfarbe überwiegt, das Gefühl von Wärme oder Kälte hervorrufen können. Fehlt diese Dominanz einer Farbe, ist es dem Betrachter nicht mehr möglich, klar zu entscheiden, ob Kälte oder Wärme gegeben ist.

Diese sogenannten »spannungsgeladenen« tertiären Farbenpaare sind: Rotviolett und Rotorange - absolut Warm, Blauviolett und Blaugrün - absolut Kalt, Gelborange-Gelbgrün - zwiespältig.

Das Bild zeigt die spannungsgeladene Farbkombination von Rotorange und Rotviolett. Gewaltig und ausdrucksstark stehen diese beiden Farben zueinander und schaffen ein kraftvolles Bild.

Sonnenuntergang, in spannungsgeladener Farbkombination von Ingrid Zimmer. 56 x 42 cm

Kompositionslehre

»Die Farbe hat mich mitgerissen, ich opferte ihr fast unbewußt die Form.« (August Macke, deutscher Maler, 1887 - 1914)

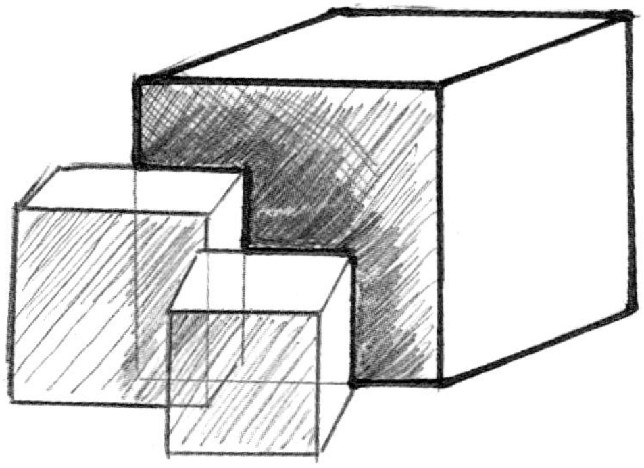

Lassen Sie mich diesem Kapitel den Satz August Mackes voransetzen, der, obgleich er sie scheinbar verneint, die Bedeutung der Form und des zeichnerischen Erfassens eines Gegenstandes verdeutlicht.

Dieses fast unbewußte Opfern der Form war dem Maler August Macke nur aufgrund seines hohen zeichnerischen Könnens möglich. Denn sein Wissen um das Aussehen eines Gegenstandes machte es ihm möglich, dem Betrachter seiner Bilder nur durch Farbflächen die Form zu verdeutlichen.

Auch der hohe Wert und die bezwingende Schönheit archaischer Malereien und Skulpturen, wie sie aus der Vorzeit oder von den sogenannten »Primitiven« bekannt sind, ruhen in der Einfachheit und Klarheit der Form. Sie besitzen dadurch eine starke, eindeutige Aussagekraft.

Reduzierung eines Gegenstandes auf einfache Formen und die dadurch erreichte klare Aussage fällt den Erwachsenen unseres Zeitalters oftmals schwer. Kindern ist dieser Weg der Abstraktion oftmals leichter und selbstverständlicher. Ihnen scheint in erster Linie das Wesentliche wichtig, während die Gedankengänge erwachsener Menschen viel zu kompliziert und vielfältig sind.

Im folgenden Kapitel möchte ich das Sehen und Erfassen eines Gegenstandes und dessen zeichnerische Umsetzung mit Hilfe geometrischer Formen erklären.

Mit einfachen Mitteln ist es durchaus möglich, auch komplizierte Dinge proportional zu erfassen und wiederzugeben.

Geometrische Grundformen

Neben Punkt und Linie, dem Ursprung jeglicher zeichnerischen Darstellung, sind hier drei elementare Umrisse zu nennen: Kreis, Dreieck, Quadrat.
Aus diesen resultieren weitere geometrische Formen: aus dem Kreis Halbkreis, Oval, Ellipse; aus dem Quadrat Rechteck, Rombus, Trapez; aus dem Dreieck ungleichschenkliges Dreieck, Trapez. Durch Bewegung und Drehung der elementaren Umrisse werden räumliche Gebilde sichtbar, die man als platonische Körper bezeichnet: Kugel und Zylinder werden aus Kreisen, Kegel und Pyramiden aus Dreiecken, Würfel aus Quadraten erzeugt.

Alle Dinge, die uns umgeben, die Gegenstände des täglichen Gebrauchs, der menschliche Körper, ja sogar der Planet auf dem wir leben, lassen sich auf solche geometrische Formen zurückführen.

Betrachten Sie dieses Buch in Ihrer Hand: Frontal gesehen bildet es ein Rechteck, seitlich und perspektivisch entsteht daraus ein Quader. Die vielgestaltige Silhouette der Krone eines Laubbaumes läßt sich schnell mit einem Kreis, Halbkreis oder Oval erfassen; der Stamm kann ein Rechteck, Trapez oder Dreieck sein. Ein Haus von vorne betrachtet läßt sich auf ein Quadrat oder Rechteck zurückführen, das Dach auf ein Dreieck. Die Bildbeispiele auf dieser und der gegenüberliegenden Seite zeigen spielerisch, was aus geometrischen Körpern alles entstehen kann.

Die Abbildungen zeigen links jeweils die geometrischen Körper und wie mit deren Kombinationen und Anordnungen verschiedene Formen dargestellt werden können. Die Abbildungen zeigen rechts bildnerische Umsetzungen, die mit Hilfe der geometrischen Formen erleichtert wurden.

Es ist eine gute Schulung der Beobachtungsgabe, wenn Sie Gegenstände des täglichen Gebrauchs geometrischen Grundformen zuzuordnen versuchen. Sie werden dabei feststellen, daß selbst komplizierte Formen aus der Kombination von Kreisen, Quadraten und Dreiecken bestehen. Mit einiger Übung wird es Ihnen bald gelingen, auch sehr kompliziert erscheinende Gegenstände in ihrer Form zu erfassen. Diese Vereinfachung und Reduzierung der Form können ein Gerüst für die zeichnerische Darstellung sein. Maße, Proportionen und das Verhältnis der einzelnen Teile zueinander lassen sich leichter feststellen.

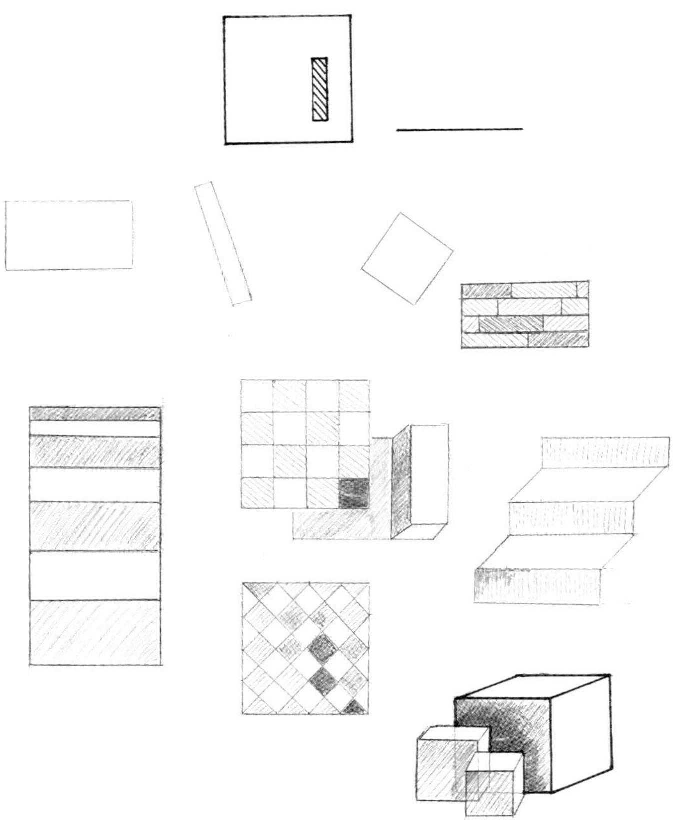

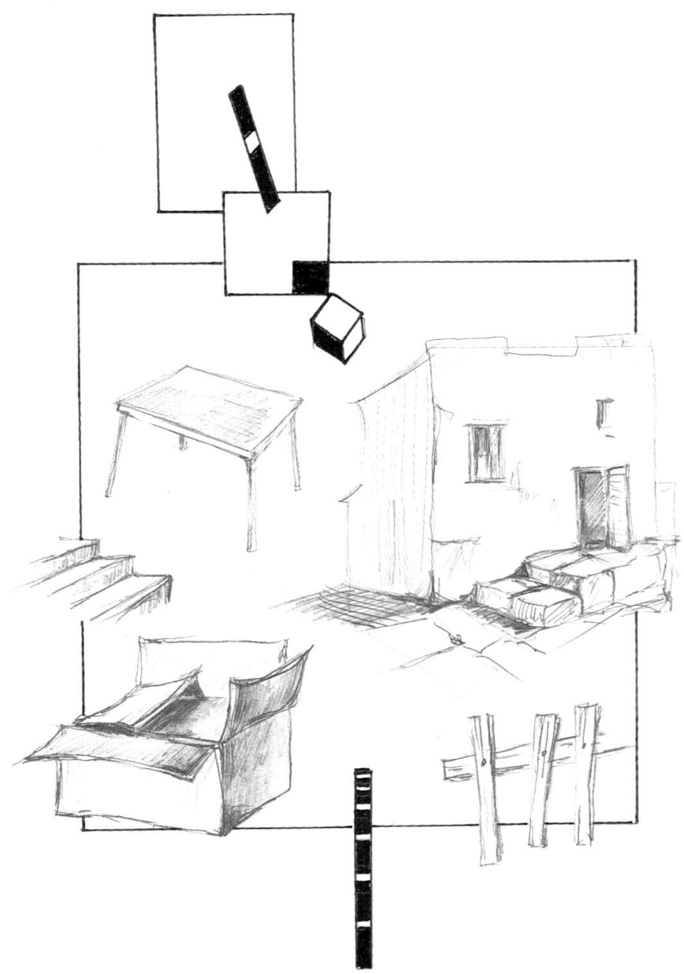

Quadrat, Rechteck, Würfel und Quader

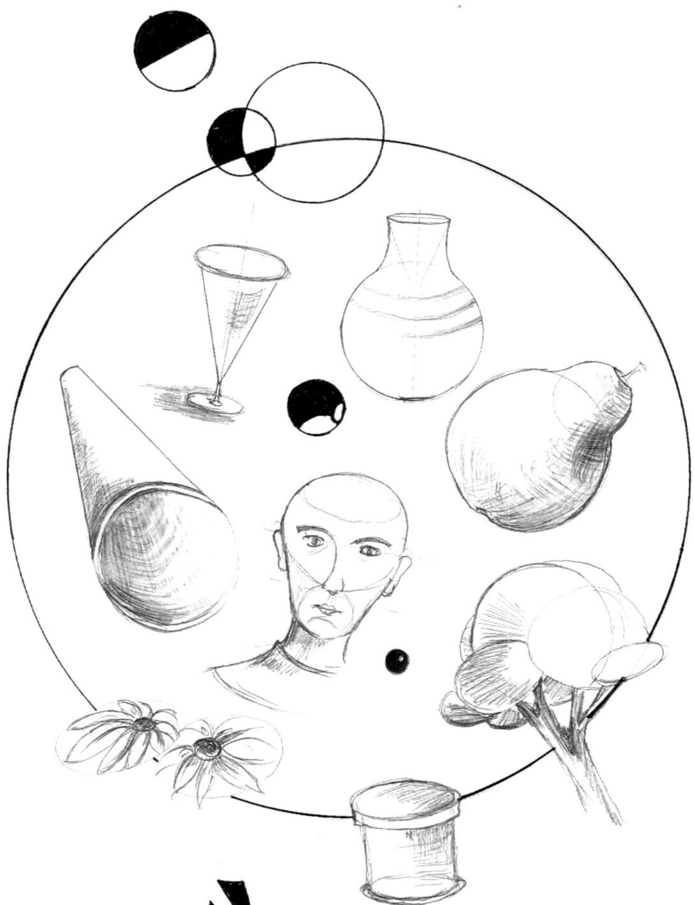

Punkt, Kreis und Kugel

Dreieck und Pyramide

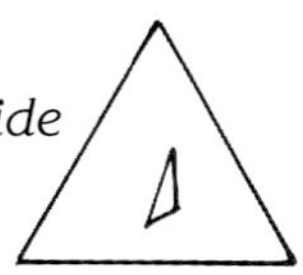

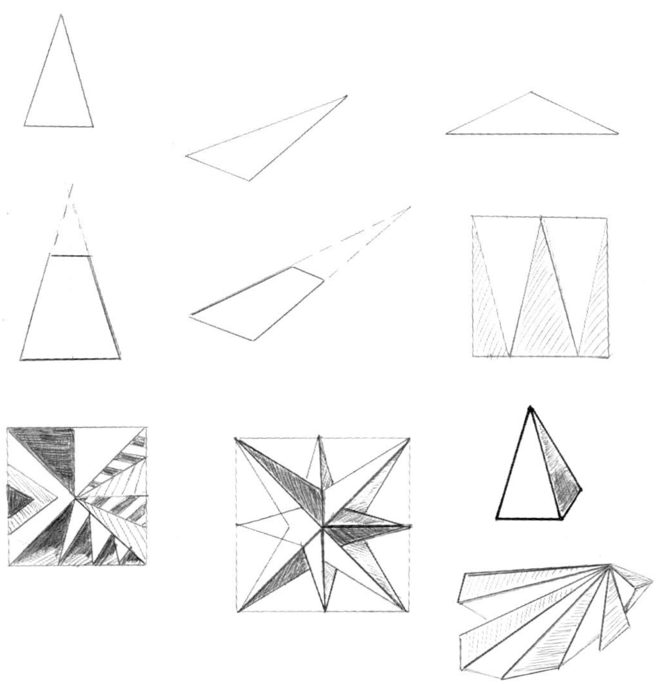

Zeichnen nach der Natur: Größen, Proportionen, Bewegungen

Auch Bewegungsabläufe mit den typischen perspektivischen Verkürzungen der Gliedmaßen, wie sie z. B. das Bild der Tänzerin zeigen, lassen sich mit den Mitteln einer auf geometrische Grundformen reduzierten Skizze leichter erkennen und richtig darstellen.

Bewegungsabläufe richtig zu sehen und wiederzugeben erfordern ein intensives langes Studium. Da sich in Bewegung befindliche Menschen oder Tiere jeden Augenblick ihre Haltung ändern, ist es für einen Anfänger sehr schwierig, ja fast unmöglich, sie richtig wiederzugeben. Die Zeit, die zum Erfassen und Zeichnen bleibt, ist einfach zu kurz. Durch Skelett und Körperbau sind Bewegungen jedoch bestimmten Gesetzen unterworfen, und man kann sich diese Gesetzmäßigkeiten durch genaues Studium bewußt machen.

Für den Anfang kann es zweckmäßig sein, sich die Fotografie zunutze zu machen. Denn durch die Fotografie ist eine bestimmte Bewegung fixiert und steht solange zur Verfügung, wie man sie benötigt. Man kann in Ruhe die Stellung der Gliedmaßen betrachten und sie wiederzugeben versuchen. Mit solchen Übungen kann man seine Wahrnehmungsfähigkeit für Proportionen und für Bewegungsgesetze steigern und immer mehr Sicherheit und Schnelligkeit in der Wiedergabe gewinnen.

Ein gutes Hilfsmittel dabei ist, die Abbildung in gleichgroße Quadrate aufzuteilen, sie zu rastern. Sollten Sie eine Fotografie als Vorlage benützen und diese nicht beschädigen wollen, können Sie über diese ein transparentes Papier legen und darauf die Hilfslinien ziehen.

Eine Rasterung der Vorlage hat zwei Vorteile. Sie können mit ihr die Ausmaße, also Länge und Breite der Gliedmaßen und des gesamten Körpers vermessen und auf ein ebenso gerastertes Papier proportional richtig übertragen.
Des weiteren bietet so ein Raster die Möglichkeit der Vergrößerung bzw. der Verkleinerung der Vorlage. Es müssen nur die Quadrate entsprechend vergrößert oder verkleinert werden.

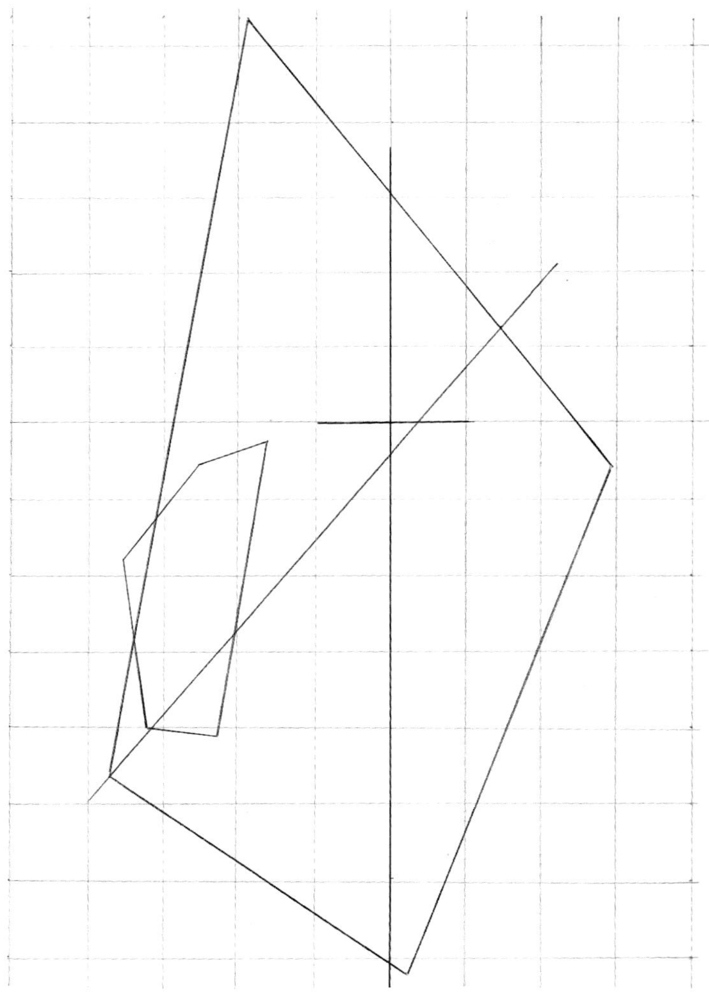

Übung Bewegungsstudie

Die Fotografie einer Tänzerin wurde in gleichgroße Quadrate unterteilt. Um die perspektivische Verkürzung der Gliedmaßen noch deutlicher beobachten zu können, sollte der gesamte Körper in eine geometrische Figur gestellt werden. Um diese zu erhalten, müssen Sie die äußersten Punkte der Hände bzw. der Füße mit geraden Linien verbinden und darauf achten, daß sich die gesamte Figur der Tänzerin in dieser geometrischen Form befindet. Auch die beiden Tänzerinnen im Hintergrund werden auf die gleiche Weise erfaßt. Betrachten Sie diese geometrische Form wie eine maßgenaue Verpackung der Objekte. Als zusätzliche Hilfe können Sie nun eine Senkrechte durch das Standbein und eine Diagonale durch das gestreckte Bein ziehen.

Nun folgt die Übertragung der geometrischen Formen mit Hilfe des Rasters auf das Skizzenpapier. Deutlich sichtbar ist das gesamte Ausmaß der Figur und der Größenunterschied zu der im Hintergrund befindlichen Tänzerin.

Aufgrund des Hilfsgerüstes können Sie nun schnell und leicht die Umrisse der Tänzerin skizzieren.

Mit einiger Übung gelingt es Ihnen sicher, diese Hilfslinien auf ein Minimum zu beschränken. Doch ich benütze immer wieder beim Skizzieren von beweglichen Objekten, deren Haltung sich ständig ändert, eine geometrische Umrißform. Dieses »Verpackungsgerüst« gibt mir die Möglichkeit, den Stand der Bewegung aus dem Gedächtnis besser nachzuvollziehen.

Detaillierte Ausarbeitung und fertige Skizze

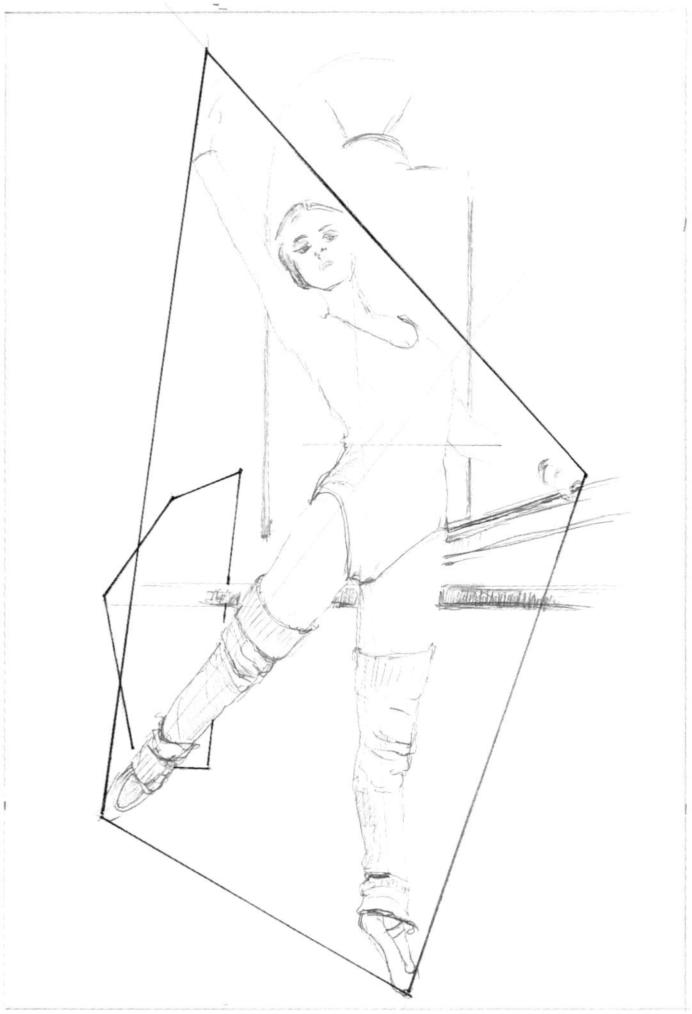

Übung Landschaft

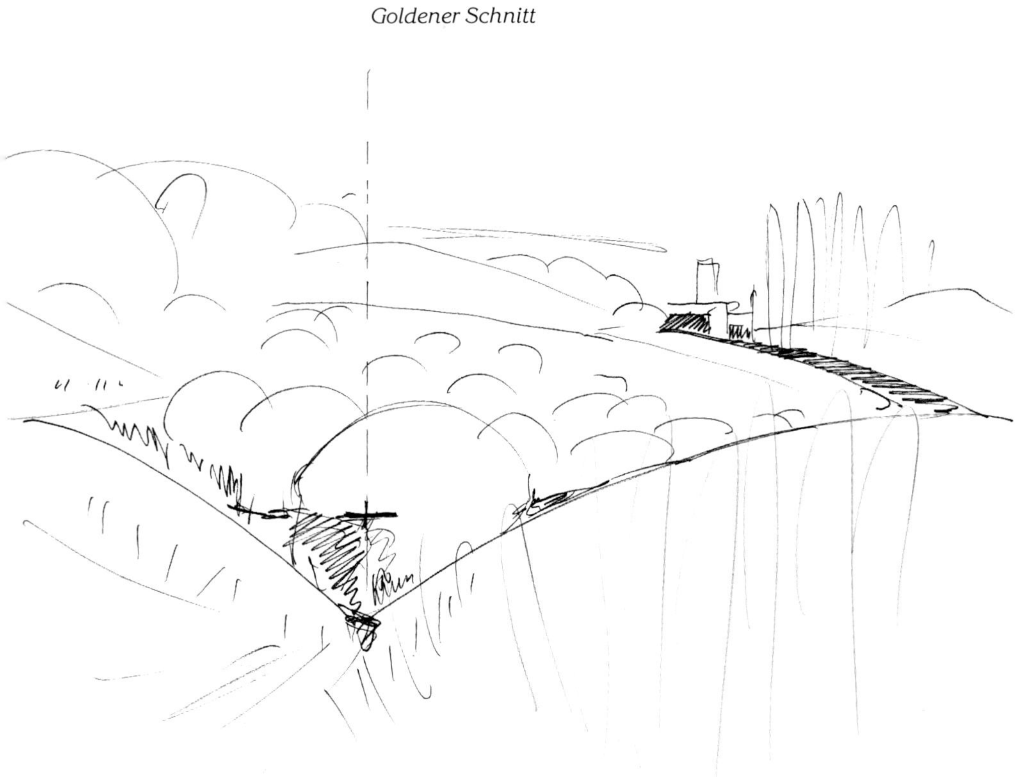

Beim Malen in der freien Natur können viele Dinge reizvoll sein, und manchmal ist es schwierig, aus dieser Fülle und Schönheit das richtige Motiv und einen Ausschnitt auszuwählen. Hier bieten die geometrischen Grundformen eine sehr gute und schnelle Hilfe. Mit einer schnellen Skizze ist es möglich, den bildnerischen Eindruck des gewählten Motives und den Aufbau des Bildes festzulegen.

Manchmal ist es aus kompositionellen Gründen notwendig, Dinge wegzulassen oder sie in ihrer Größe und ihrem Bildort zu verändern. Wie dies in der Praxis aussehen kann, zeigen die Bildbeispiele auf dieser und der nächsten Seite.

Bei dieser Landschaft reizten mich mehrere Dinge gleichzeitig, der tiefe Einschnitt des Tales, der im Schatten lag, der Gegensatz von runden, kugelig wirkenden Bäumen zu schlanken, hohen Zypressen sowie die Häuser im Hintergrund.

Der Einschnitt des Tales lag deutlich als Dreieck vor mir, dessen tiefsten Punkt ich in den Goldenen Schnitt legte (vgl. S. 34). Mit Halbkreisen skizzierte ich die Bäume, die über den Hang des Hügels bis ins Tal wuchsen. Ein zweites, wesentlich flacheres Dreieck bildeten die Hügel im Hintergrund, zwischen deren Hängen Häuser lagen. Auf der Kuppe des rechten Hügels standen schlanke Zypressen, die in den Himmel ragten und eine leicht abgerundete Dreiecksform besaßen. Rechts im Vordergrund standen noch einige höhere Zypressen, deren Baumspitzen zum Teil in den Abhang des Hügels ragten.

Landschaftsstudie im Goldenen Schnitt aufgebaut. 41 x 29,5 cm

Beim Betrachten meiner schnellen Skizze wurde mir klar, daß dieser Vordergrund im Bild nur störend wirken und von dem Einschnitt des Tales, der mir sehr wichtig erschien, ablenken würde. Aus diesem Grund verzichtete ich bei der zweiten Skizze auf den Vordergrund und beschloß, die Dreiecksform voll wirken zu lassen.

Da ich nur Skizzenblock und Bleistift bei mir hatte, fertigte ich auf der Grundlage meines kompositionellen Gerüstes eine zweite, etwas detailliertere Skizze an.

Wesentlich später entstand die dritte Version dieses Motives. Beim Betrachten meiner Skizzen erschienen mir die klaren Formen so bedeutsam, daß ich sie auch bei der farblichen Gestaltung beibehielt und bewußt auf eine detailreichere Ausführung verzichtete.

Perspektivische Darstellung

Dieses Buch, das in erster Linie den Umgang mit Farben behandelt, soll auch kurz die perspektivische Darstellung einzelner Häuser in der Landschaft und ganzer Straßenszenen erklären. Wenn man ein Motiv vor Augen hat und das Beobachten von Proportionen bereits etwas geschult ist, dann ist es nicht mehr so schwer, die Dinge einigermaßen richtig wiederzugeben. Arbeitet man dagegen im Zimmer und muß man sich ein Motiv aus der Fantasie schaffen, geht es ohne Kenntnisse der Perspektive nicht gut. Als Maler sollte man sich auf die proportional richtige Wiedergabe der Hauptlinien konzentrieren. Ein perfekt durchkonstruiertes Bild, ein geometrisches Bild, ein geometrisches Abbild sozusagen, wirkt schnell starr und die Leichtigkeit des Aquarells geht verloren.

Um alle Grundsätze und Aspekte der Perspektive zu erläutern, müßte man ein ganzes Buch füllen. Im Rahmen dieses Buches muß ich mich auf wenige und anfängliche Dinge beschränken. Aber vielleicht ist dieses geringe Maß der Anstoß dazu, sich weiter und ausführlicher mit räumlichem Zeichnen zu beschäftigen.

Betrachtet man ein weites flaches Land, so stellt man fest, daß Bäume und Häuser um so kleiner werden, je weiter sie entfernt sind. Man spricht hierbei von einer Verkürzung und Verjüngung zum Horizont hin. Diese Verjüngung bzw. Verkleinerung zum Horizont sollte man sich stets vor Augen halten. Nachfolgend einige Grundbegriffe der Perspektive:

Die *Horizontlinie* ist eine gedachte waagerechte Linie, die sich immer in Blickhöhe des Betrachters befindet und parallel zur Unter- bzw. Oberkante des Bildes verläuft. An der Horizontlinie orientiert sich jegliche perspektivische Darstellung.

> Merke:
> **Die Horizontlinie ist waagrecht und befindet sich immer in Blickhöhe des Betrachters.**

Blickt man z. B. auf ein Haus, dessen eine Kante dem Betrachter zugewandt ist, stellt man fest, daß die anderen beiden sichtbaren Hauskanten weiter entfernt und dadurch kleiner bzw. kürzer sind. Die dem Betrachter als nächste liegende Hauskante nennt man die *Ecklinie,* die links und rechts davon sichtbaren Hauskanten sind die *Seitenlinien.*

Verbindet man den unteren Punkt der Ecklinie mit dem einer Seitenlinie, entsteht eine Schräglinie, die, wenn sie weitergezogen wird, sich mit der Horizontlinie schneidet. Dieser Schnittpunkt ist der *Fluchtpunkt* und die auf ihn zuführenden Linien *Fluchtlinien.*

Die untere Verbindungslinie der Hauskanten nennt man die *Grundlinie*, die obere die *Dachrinnenlinie.* Das Dach ist nach oben durch die *Firstlinie* begrenzt. Die äußeren Begrenzungen des sichtbaren Giebels sind die *Giebellinien*, des unsichtbaren Giebels die *Dachlinien.*

Wichtig ist es auch zu wissen, daß alle Senkrechten (Vertikalen) immer senkrecht bleiben.

> Merke:
> **Senkrechte Linien bleiben senkrecht.**

Übung Perspektive eines Hauses

Als erste Übung sollten Sie ein möglichst einfaches Haus mit seiner Umgebung wählen und sich so aufstellen, daß eine Ecke des Hauses Ihnen zugewandt ist und sich der sichtbare Giebel rechts befindet.

Bevor Sie jedoch den ersten Strich auf das Papier zeichnen, sollten Sie sich das Haus in aller Ruhe anschauen. Achten Sie darauf, wie die Linien des Hauses verlaufen, stellen Sie den Unterschied der Größe der Ecklinie zu den Seitenlinien fest und die Höhe des Daches. Erst nachdem Sie das Haus in aller Ruhe betrachtet haben und Verkürzungen und Verkleinerungen gesehen haben, sollten Sie zu zeichnen beginnen.

Als erstes bestimmen Sie die Horizontlinie. Dazu suchen Sie sich am besten ein Gebäudeteil, das sich in Ihrer Blickhöhe befindet. Dies könnte z. B. die Oberkante eines Fensterausschnittes sein. Denken Sie sich diese Kante als waagrechte Linie weiter und ziehen Sie diese als dünnen Strich über das gesamte Blatt.

Als nächstes müssen Sie die Senkrechte der Ecklinie zeichnen, deren Höhe Sie abschätzen müssen. In welchem Verhältnis die Horizontlinie die Ecklinie teilt, können Sie mit Hilfe des auf der Horizontlinie liegenden Gebäudeteiles (z. B. Oberkante des Fensterausschnittes) feststellen. Diese senkrechte Ecklinie sollten Sie ungefähr in die Mitte Ihres Blattes plazieren. Verändern Sie beim Zeichnen nie Ihren Standpunkt, denn jede Änderung würde eine andere Perspektive ergeben.

Nun müssen Sie den Ort für die linke und rechte Außenkante des Hauses bestimmen und als Vertikale einzeichnen. Die Höhe dieser Seitenlinien wird vorerst geschätzt.

Verbinden Sie nun den unteren Punkt der Ecklinie mit dem der linken Seitenlinie, erhalten Sie die Grundlinie des Hauses. Diese Schräglinie ziehen Sie im gleichen Winkel mit einem leichten Strich weiter, bis Sie auf die Horizontlinie trifft. Dieser Schnittpunkt ist der Fluchtpunkt F_1. Desgleichen verfahren Sie auf der rechten Seite und ermitteln F_2.

Bei der Dachrinnenlinie müssen Sie sich vergegenwärtigen, daß Sie parallel zur Grundlinie verläuft. Parallele Linien haben die Eigenschaft, daß sie auf einen gemeinsamen Fluchtpunkt zulaufen, dieser ist hier F_1. Sie können also von dem oberen Punkt der Ecklinie eine Linie bis zu F_1 ziehen. Der Schnittpunkt dieser Linie mit der Seitenlinie des Hauses legt die Höhe der Hauskante fest. Mit Hilfe von F_2 finden Sie auch die genaue Länge der linken Hauskante.

Merke:
Parallel verlaufende Linien haben einen gemeinsamen Fluchtpunkt.

Nun folgt der Spitzgiebel. Der First eines gleichmäßigen Giebels liegt genau in der Mitte, doch bei der perspektivischen Darstellung müssen Sie sich vor Augen halten, daß sich Gegenstände, die weiter entfernt sind, verkleinern. Demzufolge ist die Ihnen zugewandte Hälfte des Giebels etwas größer als die von Ihnen abgewandte.

Um nun die geometrische Mitte des Giebels festzulegen, zeichnet man in das Rechteck der Frontseite des Hauses Diagonalen. Der Schnittpunkt dieser Diagonalen ist die Mitte des Giebels. Es muß nun nur noch eine Senkrechte nach oben gezogen werden. Mit dieser Senkrechten legen Sie auch die Höhe des Giebels fest. Nun verbinden Sie den Firstpunkt des Giebels mit der Eck- bzw. rechten Seitenlinie und erhalten somit den Giebel. Die Firstlinie des Hauses läuft parallel zur Dachrinnen- und Grundlinie des Hauses und endet folglich in F_1.

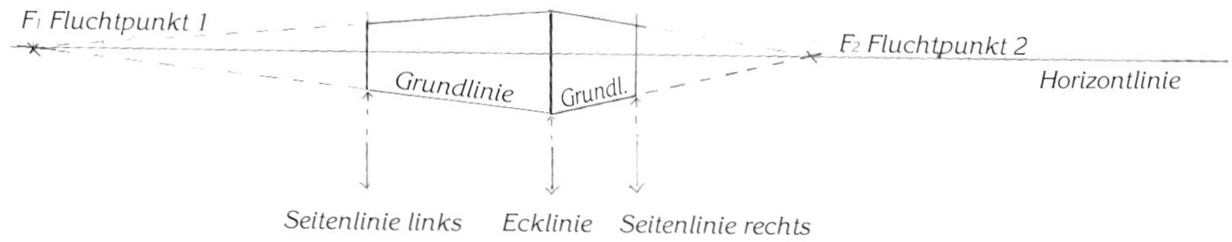

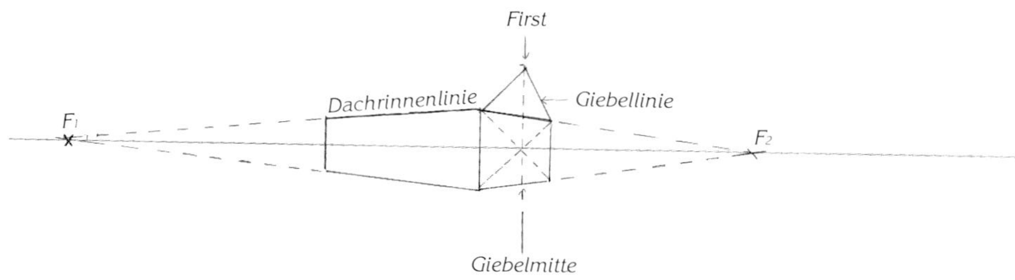

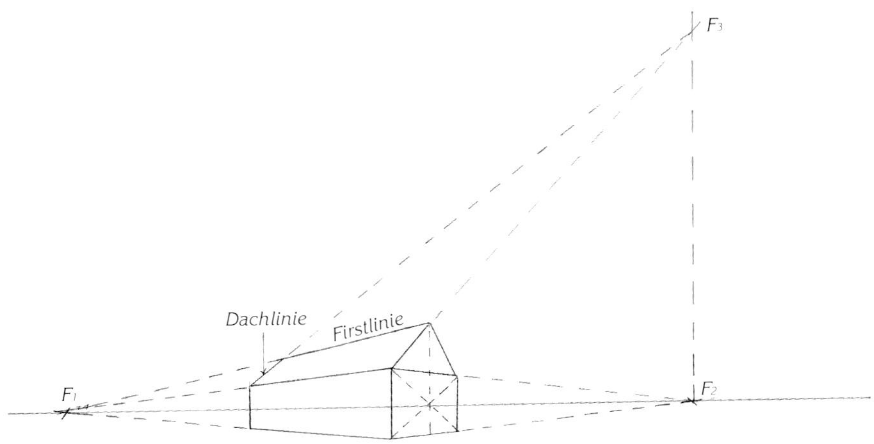

Übung Perspektive einer Straße

Die linke Dachlinie des Hauses läuft parallel zur Giebellinie. Wie Sie wissen, besitzen alle Parallelen einen gemeinsamen Fluchtpunkt, also auch Linien, die schräg nach oben bzw. nach unten verlaufen. Dieser Fluchtpunkt liegt aber nicht auf der Horizontlinie, sondern darüber bzw. darunter. Der Fluchtpunkt der Giebel- wie der Dachlinie liegt auf einer Senkrechten, die von F_2 nach oben geht. Dieser Fluchtpunkt F_3 kann sich weit außerhalb Ihres Blattes befinden. Es genügt jedoch hierbei vollständig, sich dieses Bild vor Augen zu führen, um zu erkennen, daß demzufolge die Firstlinie etwas geneigt ist. Diese Neigung können Sie schätzen und die Firstlinie einzeichnen.

Nun können Sie Fenster und Türen mit Hilfe von F_1 und F_2 einzeichnen. Dabei sollten Sie aber auf die Abstandsverringerung der Fenster zum Horizont hin achten. Bei Fenster und Türen der rechten Seite ist der sichtbare Tiefenausschnitt rechts, auf der linken Seite links.

Nach den perspektivischen Gesetzmäßigkeiten eines einzeln stehenden Hauses zeigen die folgenden Abbildungen, wie eine Straße oder Häusergasse aussehen muß.

Die obere Zeichnung vermittelt schon recht deutlich den Eindruck einer Straße, obwohl die Skizze nur aus senkrechten und waagrechten Strichen besteht: Horizontlinie und zwei Linienbündel, die auf den Fluchtpunkt F_1 in der Mitte zulaufen und einige senkrechte Linien, welche die horizontalen Linien schneiden. Es bedarf nun nur noch ein klein wenig mehr, um aus diesen Strichen eine Straße mit einer Häuserreihe zu machen.

Die nächste Zeichnung zeigt das fertige Straßenbild. Links sind die Giebel der Straßenseite zugewandt, rechts blickt man auf die Dächer. Dies wird in der Praxis wohl selten der Fall sein, aber ich wollte beide Möglichkeiten aufzeigen. Alle parallel laufenden Linien der Häuser auf der Straßenseite enden in F_1, während die der Straße abgewandten links gesetzmäßig auf F_2 und rechts auf F_3 zulaufen.

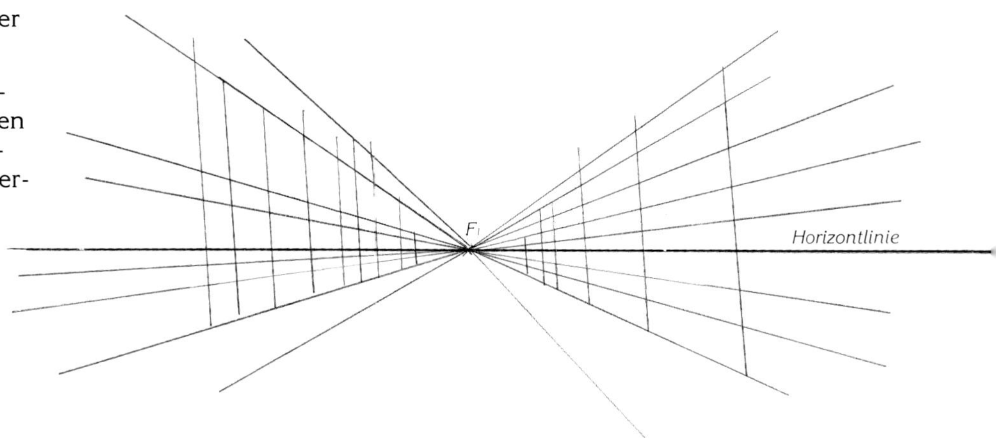

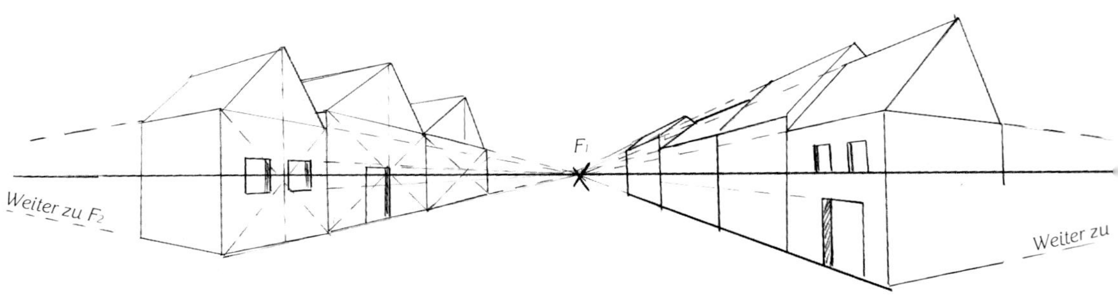

Altes Bauernhaus in Südtirol von Erwin Hackl. 60 x 41 cm

Bei dem alten Bauernhaus sind mehrere Farbkontraste und die Regeln der Perspektive gekonnt verwendet worden. Die dunklen, in kalten Farben gehaltenen Dächer kontrastieren mit den hellen, fast weißen Häuserfronten und dem in warmen Farben gehaltenen Vordergrund. Farbflächen stehen einer eher zeichnerischen Pinselarbeit gegenüber.

Die perspektivischen Lösungen sind frei und ohne strenge Konstruktion gefunden worden. Der Maler hat manche Passagen nur angedeutet, weiße Papierflächen stehengelassen und rechtzeitig aufgehört zu malen. Dadurch wirkt das Aquarell spontan und leicht.

Kreisformen in der Perspektive - Ellipse

Runde Bauwerke sieht man selten als echte Kreisform; meistens blickt man schräg von oben oder unten auf sie und dabei verändert sich die Kreisform in eine Ellipse. Ellipsen können von unterschiedlicher Form sein. Von einem nahezu kreisförmigen Gebilde reichen diese bis hin zur fast geraden Linie. Ellipsen haben zwei Durchmesser, der größere entspricht der Längsachse. Senkrecht dazu steht die Querachse.

Kreise in der Waagerechten, die wir als Ellipsen wahrnehmen, zeigen die Längsachse stets in der Waagerechten.

Die nebenstehende Abbildung zeigt fünf gleichgroße Kreise in verschiedener Höhe, die Horizontlinie ist markiert. Aus dieser Abbildung ist ersichtlich, daß die Längsachse der einzelnen Ellipsen stets gleich bleibt, daß aber die Querachse von unten nach oben in Richtung Horizontlinie stets kleiner und oberhalb des Horizontes wieder größer wird. Der Kreis auf dem Horizont, der sich in Blickhöhe befindet, ist nur als waagrechte Linie zu sehen. Die Ellipse erscheint umso »runder«, je weiter sie vom Horizont entfernt ist. Unterhalb der Horizontlinie sieht man auf die Oberseite der Ellipse, oberhalb des Horizontes blickt man auf ihre Unterseite. Der in der Abbildung stärker gezeichnete Rand der Ellipsen zeigt die jeweils dem Betrachter zugewandte Seite.

Übung Turm in Ellipsen

Hält man sich dieses Gerüst vor Augen, ist es leichter, einen runden Turm richtig zu zeichnen. Das sichtbare Mauerwerk verläuft stets entlang der entsprechenden Rundung der Ellipse. Auf der Horizontlinie verläuft es waagrecht.

Die nächste Abbildung zeigt den wohl häufigsten Fehler, der bei der Darstellung von runden Türmen gemacht wird. Hier wurde außer acht gelassen, daß man unterhalb des Horizontes auf die Kreisformen herabblickt, oberhalb des Horizontes auf die Unterseiten der Kreisformen schaut.

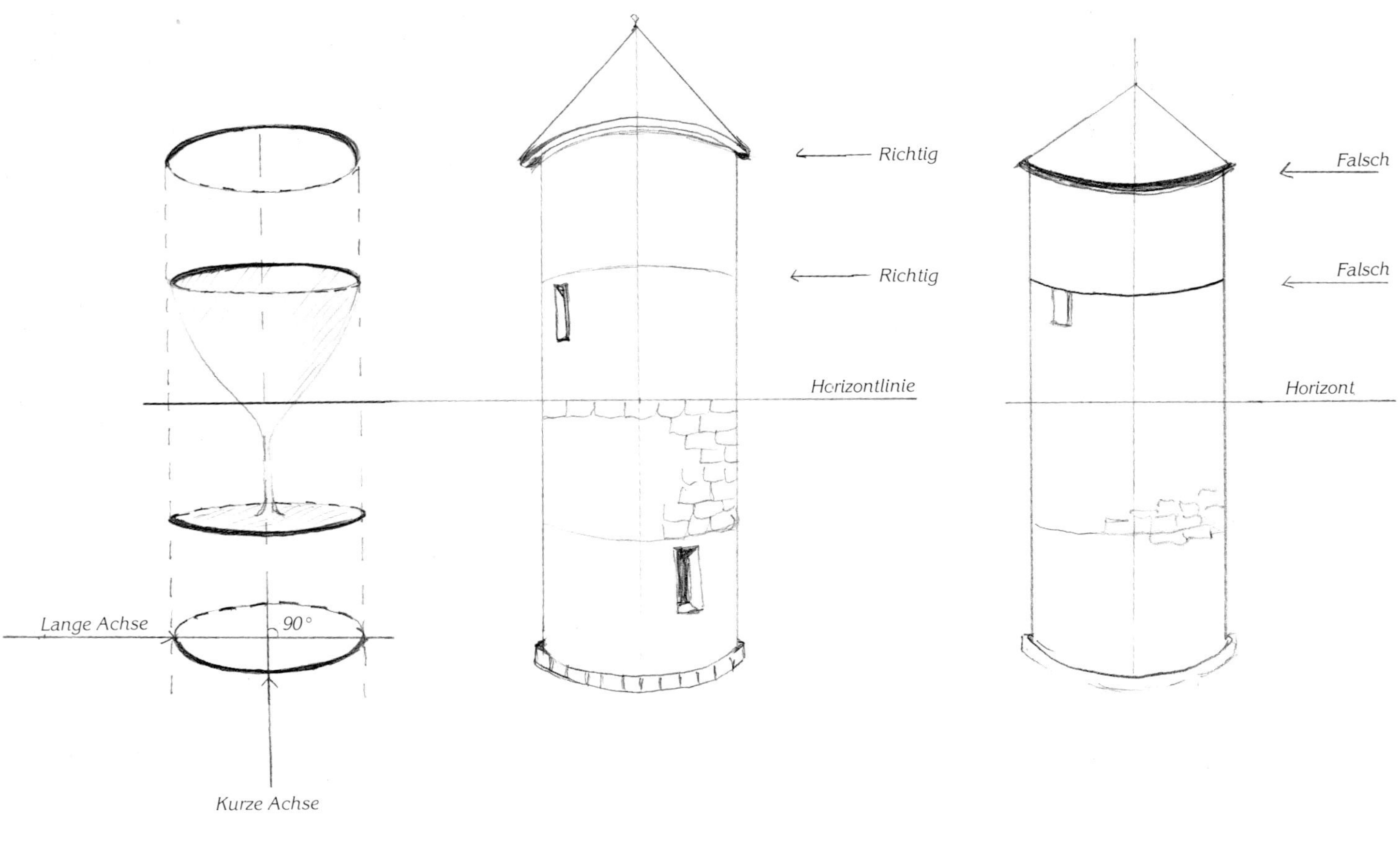

Übung Perspektive zum Vervollständigen

Diese Übung ist eine Aufforderung an Sie, das Bild selbst fertig zu gestalten und einen weiteren Schritt zur Eigenständigkeit und Kreativität zu wagen.

Vorgegeben ist lediglich eine perspektivische Skizze sowie die teilweise gesetzten Schattenflächen in Violett. Die weitere farbliche Stimmung dieses Bildes bleibt Ihnen überlassen. Versuchen Sie doch einfach, das erlernte Farbwissen in die Praxis umzusetzten. Sobald Sie dieses Bild vollendet haben, werden Sie sich selbst an so schwierig wirkende Gassen und Häuser heranwagen.

Licht und Schatten

Licht und Schatten beschäftigen einen Maler immer wieder aufs Neue. Die Formenvielfalt von Schatten kann man auf unterschiedlichste Art malerisch einfangen. Ob man nur in Schwarzweiß- und Graufaktoren arbeitet oder die Farbigkeit von Licht und Schatten entdeckt - wie es den Impressionisten gelang - alle Möglichkeiten üben immer wieder einen großen Reiz aus. Ohne den Unterschied zwischen hellen, warmen Lichtstellen und dunklen, kalten Schatten wären Bilder ohne Leben und Tiefe, sie wären ausdruckslos und ihre Räumlichkeit stark eingeschränkt.

In der Natur ändern sich Licht und Schatten ständig. Es können langgezogene, diffuse Schatten bei der flach einstrahlenden Sonne morgens oder abends entstehen, kurze, klare und harte Schatten in der kräftigen Mittagssonne, flirrende und flimmernde Schatten von leicht bewegtem Laub im Wind, rasch sich ändernde Schattenflächen, von ziehenden Wolken hervorgerufen, die die Landschaft jeden Augenblick anders erscheinen lassen.

Die Dauer der Malprozesse und die während dessen Veränderung des Sonnenstandes verursachen beim Malen im Freien häufig nach Vollendung eines Bildes ganz andere Lichtverhältnisse, als sie am Anfang vorherrschten. Mit all diesem wird der Maler konfrontiert und muß sich mit ihnen auseinandersetzen. Wie man mit diesen Problemen fertig werden kann, auf welche Weise Schatten und Licht malerisch dargestellt werden können, soll Ihnen das folgende Kapitel erläutern.

Das Malen im Haus hat den Vorteil, daß man Einfluß auf Stärke und Richtung des Lichtes, das den Gegenstand beleuchtet, nehmen kann.

Das Tageslicht im Haus wirkt ganz anders als künstliches Licht, aber auch anders als die direkte Sonnenbestrahlung in der freien Natur. Tageslicht im Haus ist viel weicher, harmonischer und diffuser. Man muß nur darauf achten, daß das Licht nicht von mehreren Lichtquellen stammt, denn eine mehrseitige Beleuchtung und Kreuzung der Lichtstrahlen kann zu Schwierigkeiten führen. Benutzen Sie im Raum künstliches Licht, sollte es dem natürlichen Licht möglichst nahekommen. Sogenannte Tageslichtlampen sind dabei von großer Hilfe, denn mit ihnen kann man die natürlichen Farben viel besser sehen, als es bei normalen Leuchten möglich ist.

Um die Wirkung von Licht und Schatten in Ruhe studieren zu können, muß man wechselhafte Lichtquellen und sich ändernde Umgebung ausschließen. Eine gute Möglichkeit bietet hier eine sogenannte Schattenschachtel, die Sie sich leicht selbst bauen können. Sie benötigen dazu festen, weißen Karton mit einer möglichst glatten Oberfläche. Die Schattenschachtel sollte einen Boden und zwei Seiten besitzen (siehe nebenstehende Abbildung). In diesen Karton können Sie Objekte stellen und mit einer Tageslichtlampe von einer Seite beleuchten. Deutlich kann man dann Licht und Schatten erkennen und malerisch nachvollziehen.

Die Schattenschachtel und die Wirkung von farbigem, reflektierendem Licht

Reflektierendes Licht

Licht fällt nicht nur auf die Gegenstände, die man gerade betrachtet, sondern auch auf die Dinge der Umgebung. Treffen Lichtstrahlen auf einen Gegenstand, so werden je nach Oberflächenbeschaffenheit des Objektes die Lichtstrahlen zum Teil absorbiert, zum Teil reflektiert. Sind die Gegenstände farbig, wird mit dem reflektierenden Licht auch ein Hauch dieser Farbe auf andere Objekte übertragen, so daß ein Gegenstand die Farben seiner Umgebung annimmt. Fotografen nützen diese Wirkung oft, und auch für den Maler ist sie von großer Bedeutung.

Die Wirkung von farbigem reflektierendem Licht können Sie auch mit der Schattenschachtel erproben, Sie müssen nur die Seitenwände mit farbigem Tuch oder Papier bespannen. Je glatter die Oberfläche dieser Bespannung ist, desto deutlicher ist die Wirkung. Aber auch wenn Sie auf ein weißes Tuch eine grüne Paprikaschote und einen roten Apfel legen, nimmt die Schote beispielsweise einen Hauch Rot vom Apfel an, und auf dem Tuch werden leicht grüne und rote Farbwerte erscheinen. Nutzt ein Maler die Wirkung von reflektierendem Licht, läßt er auf den Objekten seiner Bilder die Umgebungsfarben wiederspiegeln, dann entstehen Bilder von großer Harmonie, äußerst sensibler Farbgebung und starker Räumlichkeit.

Die Räumlichkeit, die dreidimensionale Wirkung dieses Objektes ist unter Verwendung von reflektierendem Licht erreicht worden. Schatten, den das Objekt selbst besitzt, nennt man Körperschatten. Schatten, den das Objekt wirft, wird Schlagschatten genannt.

Bei runden Gegenständen sind die Grenzen von Licht und Schattenflächen schwieriger zu gestalten, sie gehen zum Teil fließend ineinander über, können aber wiederum teilweise klar abgegrenzt sein.

Kreisförmige Gegenstände werfen ellipsenförmige Schatten (siehe Perspektive, Seite 66).

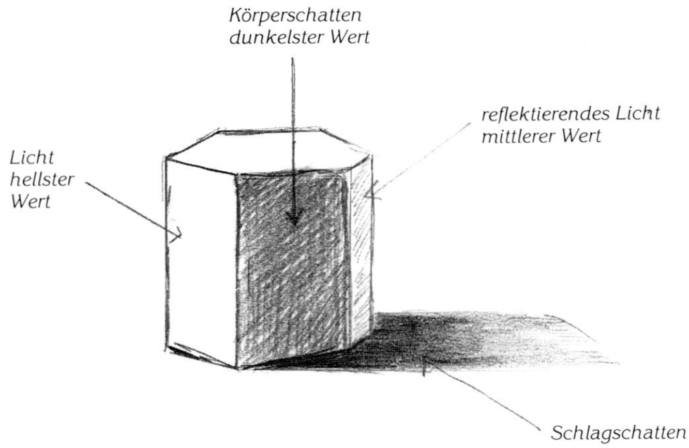

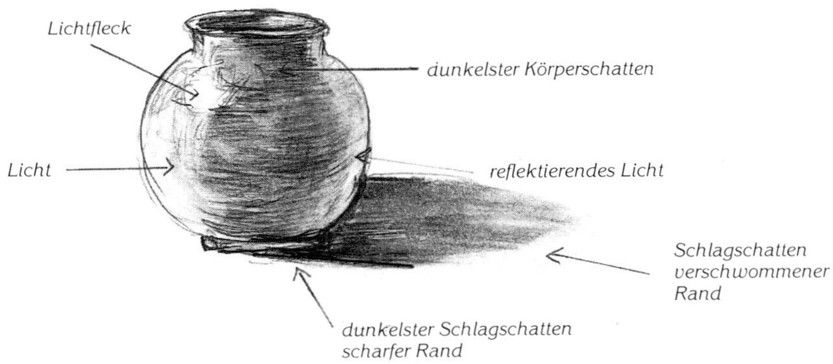

Die Farbigkeit von Schattenflächen

Schatten sollte man nie mit schwarzer oder stark deckender Farbe malen. Es sollten transparente Schleier sein, bei denen die Lokal- oder Körperfarbe der Gegenstände durchschimmern kann. Auch eine komplementäre Farbgebung zum Licht kann äußerst wirkungsvoll sein.

Bei diesem Bild links oben wurde der Schatten mit einer dünnen, dunkleren Lasur der Lokalfarben durchgeführt. Dunkleres Grün und Braun für die Körperschatten der Bäume, dunkleres Gelb, Braun und Grau im Schlagschatten. Beachten Sie auch den perspektivischen Verlauf des Schattens, der über die Kante des Gehsteigs fällt.

Im unteren Bild wurde der Schatten erst in einem dunkleren Grau gemalt, anschließend sind die Farben der Objekte darüber lasiert worden. Dies ist eine gute Lösung, wenn man im Freien malt und die Änderung der Lichtverhältnisse bevorsteht. Man kann dem Problem wechselnder Schatten entgegenwirken und sie alle zum gleichen Zeitpunkt erfassen. Denn wie schnell vergeht die Zeit, das Wetter schlägt um und Schatten, die man zu Beginn eines Bildes gesehen hat, haben sich verändert oder sind nicht mehr vorhanden.

Mit neutralem Grau in dünner Lasur ist der Schatten des vorderen Baumes nach Trocknung des Bildes rechts aufgetragen worden. Die Körperfarben der Gegenstände schimmern durch diese Lasur und verbinden sich harmonisch. Diese Lösung eignet sich am besten für die Arbeit im Atelier, wenn die Lichtquelle und dadurch die Schatten feststehen.

Komplementär zum gelben Licht ist im unteren Bild der Schatten in Violett gehalten. Bei dem Baum im Vordergrund sehen Sie zum Teil zudeckende, opake Farben, die Sie vermeiden sollten.

Übung Licht in der Landschaft

Licht und Schatten werden an diesem Landschaftsausschnitt mit Fischerhäusern studiert. Solche Fischerhäuser und Boote können Sie in Ihrem nächsten Bild nacharbeiten.

Nachdem sie skizziert sind, werden die Schattenflächen im ersten Schritt mit einem neutralen Grau lasiert, das aus den Komplementärfarben Gelb und Violett ermischt wurde. Die Seitenflächen der Häuser erhalten teilweise einen zweifachen Farbauftrag, da hier der Schatten etwas dunkler erscheint als auf den Hausdächern. Auf die fällt nämlich mehr Licht. Die Frontseiten der beiden vorderen Häuser bleiben weiß, da sie direkt von der Sonne beschienen werden. Unterhalb der Boote sind auf der Wasserfläche ebenfalls leichte Schatten anzulegen. Anschließend tragen Sie fleckenhaft ein stark verdünntes Indischgelb für den Abhang unterhalb der Häuser bis hin zum Wasser auf. Zum Teil sollte das Gelb etwas intensiver verwendet werden.

Wenn die ersten Schattenflächen und die Uferböschung farblich lasiert sind, muß Ihr Bild abtrocknen. In der Zwischenzeit können Sie sich stark verdünnte Mischungen von verschiedenen Rot-, Rotbraun- und Violetttönen herstellen. Da Sie überwiegend lasieren, ist es zweckmäßig, die transparenten Farben Echtrosa, Ultramarinblau und Indischgelb zu verwenden. Mit Mischungen davon geben Sie den Dächern und den Seitenflächen der Häuser Kontur. In einigen Stellen ist der Schatten dunkler und kräftiger. Die Dächer sollten deshalb mit verschiedenen Rottönen akzentuiert werden.

Die aufgetragenen Lasuren müssen wieder trocknen, bevor Sie Ihr Papier für den Himmel mit sauberem Wasser anfeuchten, um ihn in leichtem Ultramarinblau anzulegen. Sparen Sie die Häuser aus und führen Sie Ihren Pinsel in einer leicht diagonalen Strichrichtung.

Der Himmel muß noch naß sein, wenn Sie etwas Indischgelb für die entfernten Bäume hinter den Häusern auftragen. Blau und Gelb fließen ineinander, und es entsteht ein differenzierter Gelbgrünwert, eine optisch-partitive Farbmischung.

In fleckenhafter aufgesetzter Lasur von Ultramarinblau arbeiten Sie den Abhang unterhalb der Häuser etwas weiter aus und in waagrechten Strichen tragen Sie diese Farbe noch für Teile der Wasserfläche auf. Bei den Hausdächern ist zum Teil nochmals eine leichte Schicht Echtrosa vonnöten.

Jetzt werden die Häuser farblich noch mehr detailliert, der Untergrund sollte aber bereits ganz trocken sein.

Die beiden Boote im Vordergrund erhalten mehrere Lasuren in stumpfen Rotviolett- und Blaugrautönen. Achten Sie auf die Lichtstellen und führen Sie Ihren Pinsel in formbeschreibenden Strichen. Die Boote im Hintergrund werden mit lichten Blau-, Gelb- und Rottönen ebenfalls lasiert. Hier erscheinen in heller Ausführung die drei Grundfarben, die in diesem Bild verwendet wurden. Die Uferböschung muß fleckenhaft in Blau und Gelb noch weiter ausgearbeitet werden. Fenster und Türen sowie die Holzverkleidungen der Häuser sollten, nachdem die Lasur trocken ist, mit zeichnerischem Pinselstrich detailliert werden.

In der Zwischenzeit sind die Lasuren bei den beiden vorderen Booten ebenfalls getrocknet und Sie können auch hier ins Detail gehen. Einige kräftige, runde Pinselstriche im Vordergrund deuten Steine am Ufer an. Unterhalb des Bootes muß der Schatten noch vertieft werden. Die Bäume im Hintergrund erhalten Stämme und Äste in lichtem Blau. In kräftigem Rotbraun sind die aufgespannten Fischernetze zu malen. Es fehlen jetzt nur noch einige Striche, die Masten, Bootsbefestigungen im Vordergrund und Spaziergänger am Ufer andeuten.

Fischerhäuser, Landschaftsstudie.
45 x 37 cm

Gutshof Blumenthal
von Erwin Hackl. 60 x 41 cm

Teile eines alten Gutshofes dienten diesem Bild als Motiv, das direkt vor dem Objekt im Freien entstand. Licht und Schatten sind in den Komplementärfarben Gelb und Violett dargestellt. Von links fällt das Licht ein. Schatten - die durch die vorspringenden Gebäudeteile entstanden - sind in Violettönen lasiert. Rechts können Sie die Wirkung von reflektierendem Licht in der Gelbtönung der Hauswand erkennen, die auch vor Ort so zu sehen war.

Echtgelb

Echtgelb
Echtrosa
Ultramarinblau

Echtgelb
Ultramarinblau

Indischgelb
Echtrosa

Indischgelb
Echtrosa
Coelinblau

Echtrosa
Indischgelb

Echtrosa
Ultramarinblau

Echtrosa
Ultramarinblau

Coelinblau

Coelinblau
Indischgelb

Ultramarinblau

Echtrosa
Ultramarinblau

Übung Licht im Stilleben

Anhand eines Stillebens wird reflektierendes Licht studiert. Dieses Bild wird in vielfältigen Lasurschichten aufgebaut. Zum besseren Verständnis und als Vergleichsmöglichkeit sind die Farblasuren neben dem Aquarell gezeigt und auch benannt. Die Reihenfolge der Grundfarben sagt Ihnen auch gleichzeitig das jeweilige Mischungsverhältnis: die erstgenannte Farbe überwiegt, die zweitgenannte wird geringfügig verwendet und von der dritten jeweils nur eine Spur zugegeben. Diese Lasuren zu mischen erfordert einiges Feingefühl und ihre Wirkungen müssen immer wieder auf einem Stück Papier ausprobiert und mit dem Farbmuster verglichen werden. Es müssen ausreichende Mengen vorhanden sein, so daß die Vertiefungen Ihres Farbkasten mit Sicherheit nicht ausreichen. Sie benötigen zusätzlich einige Schälchen oder Behältnisse. Schraubdeckel von Marmeladegläsern haben sich dabei recht gut bewährt. Sie müssen vorher nur gut gereinigt werden.

Beim Skizzieren des Stillebens fällt Ihnen sicherlich die Schrägstellung des vorderen Flaschenhalses auf. Sie ist durchaus beabsichtigt, denn ein Maler besitzt die Freiheit, Gegenstände in ihrer Form zu verändern oder zu deformieren. Nutzen Sie diese Freiheit doch einmal.

Die Farbmischungen haben Sie sich bereits angesetzt und bereitgestellt, so daß Sie eine Grundlasur für die einzelnen Objekte des Stillebens vornehmen können. Benützen Sie dazu Ihren Flachpinsel und lasieren Sie die Gegenstände fleckenhaft. Bei den Birnen ist im feuchten Zustand etwas Ultramarinblau im Schattenbereich zuzugeben. Das Licht dieses Bildes kommt schräg von vorne.

Auf der zweiten Abbildung sehen Sie bereits mehrere unterschiedliche Lasurschichten aufeinander. Die Melone erhält wärmere Orangetöne, desgleichen die beiden vorderen Birnen, das Rot des Apfels ist intensiver geworden, der Hintergrund muß zum Teil noch gestaltet werden und unter den Objekten sind Schatten leicht anzudeuten. Bei den Birnen sind be-

reits die Farben der Umgebung zu verwenden, es erscheint leicht das Rot des Apfels und das warme Gelb der Melone. Beim Malen dieses Bildes sollten Sie überwiegend den Flachpinsel benützen und nur für Details einen Rundpinsel. Dies mag Sie anfänglich vielleicht einige Überwindung kosten, aber das Malen mit einem Flachpinsel kann äußerst interessante Strukturen ergeben. Auf Ihrem Bild sind jetzt bereits etliche optisch-subtraktive Farbmischungen entstanden.

Schritt für Schritt, mit dazwischen eingeschalteten Trocknungsphasen, müssen Sie nun Ihr Bild farblich immer weiter ausarbeiten. Die Melone erhält intensiveres Echtgelb und leichte Rotviolettöne, auch das Blau der Flasche erscheint im oberen Teil. Der Apfel bekommt mehr Echtrosatöne und einen Hauch Gelb von der Melone. In den Birnen spiegeln sich die Farben des Apfels, der Melone und der Flasche wieder. Auch die Flaschen erhalten Lasuren in leichtem Gelb und Rotviolett, das Etikett der vorderen Flasche ist im unteren Teil mehrfach lasiert. Auch der Spankorb und das restliche Obst erhalten mehrere Lasuren in den Umgebungsfarben.

Sie müssen stets darauf achten, die Hauptfarben der umliegenden Objekte in leichter Form in Ihrem Gegenstand erscheinen zu lassen. Der Hinter- wie der Vordergrund wird auf die gleiche Weise gemalt. Der Hintergrund muß in senkrechten, der Vordergrund in waagrechten Strichen ausgeführt werden, wobei sich die Farben der Umgebung wiederholen.

Mit dem Rundpinsel können Sie nun in einem satten Rotviolett einige Details mit feinen Strichen verstärken und hervorheben und Ihr Bild damit fertigstellen.

Stilleben. 66 x 47 cm

Spannen und Rahmen

Ein gutes Aquarell sollte gespannt und absolut glatt gerahmt werden. Da auch bei allseitig verleimten Blocks nach dem Trocknen des Bildes eine leichte Wellenbildung entstehen kann, sollten Sie es sich zur Gewohnheit machen, Ihr Bild nach Fertigstellung aufzuspannen. Die Wellenbildung wird oft erst beim Hängen deutlich sichtbar und beeinträchtigt die Wirkung eines Bildes manchmal erheblich.

Material:
Eine Span- oder Hartfaserplatte, weder beschichtet noch lackiert oder gewachst, größer als das fertige Aquarell,
ein spezielles Bilderklebeband (im Fachhandel erhältlich), dessen Gummierung durch Anfeuchten funktionsfähig gemacht wird;
eine gut schneidende Schere, sauberes Wasser, einen Schwamm und evtl. eine zweite Platte, die etwas kleiner als das Bild ist.

Zum Spannen Ihres Aquarells legen Sie das fertige Bild mit der bemalten Seite auf die Spanplatte, die unbearbeitete Rückseite liegt oben. Die Klebebänder sollten für alle vier Seiten des Bildes etwas länger zugeschnitten und bereitgelegt werden.

Mit einem Schwamm wird die Rückseite des Bildes gleichmäßig angenäßt.

Das Papier dehnt und wellt sich durch die Feuchtigkeit. Um die Papierfläche gleichmäßig zu den Rändern zu drücken, legt man die zweite Platte auf das Bild.

Das Papierklebeband muß ebenfalls mit dem Schwamm angefeuchtet und klebefähig gemacht werden. Kleben Sie das Band auf die Ränder Ihres Bildes, so daß jeweils ungefähr die Hälfte auf dem Papier und die andere Hälfte auf der Holzplatte aufliegt. Streifen Sie das Klebeband solange fest, bis es sich mit Papier und Platte ohne Faltenbildung verbunden hat.

Das Bild sollte liegend, bei Zimmertemperatur langsam trocknen. Erst wenn es absolut trocken ist, kann es mit einem scharfen Papierschneide messer oder Cutter von der Holzplatte abgetrennt werden.

Das Aquarell wird mit der Bildseite auf die Platte gelegt

Das Bilderklebeband wird halb auf das Papier und halb auf die Platte geklebt

Sorgfältig wird es aufgedrückt und festgestrichen

Schneiden von Passepartouts ohne Schrägschnitt

Material:
Passepartout- oder Bristol-Karton, weiß oder in passender Farbgebung, mindestens allseitig 10 cm größer als Bild, Papiergewicht ca. 490 g/m^2, bei stärkerem Karton ist ein Schrägschnitt erforderlich,

Metallineal,
harte, glatte Unterlage (evtl. Glasplatte) zum Schutz des Arbeitstisches,

Cutter (evtl. Teppichschneidemesser) mit auswechselbarer scharfer Klinge.

Die Größe des Bildausschnittes muß so festgelgt werden, daß er auf allen vier Seiten ca. 1 cm kleiner als das fertige Bild ist. Diese Abmessungen werden auf den Passepartout-Karton übertragen.

Unter Zuhilfenahme des Metallineals schneiden Sie mit dem Cutter das Fenster aus.

Ihr Aquarell besitzt vom Spannen auf allen Seiten einen Rahmen aus Bilderklebeband. Dieser verhindert das Durchschlagen von Klebstoffen, so daß Sie das Bild auf allen vier Seiten mit einem Klebestreifen auf der Rückseite des Passepartouts befestigen können. Als weiteren Schutz für die Ränder und die Rückseite des Bildes kann noch ein zweites, passendes Stück Karton hinter dem Passepartout festgeklebt werden. Die Vorderseite des Bildes befindet sich in dem Fensterausschnitt des Passepartouts und liegt frei.

Zum Aufhängen sollte das Bild mit dem Passepartout unter Glas gelegt und gegenbenenfalls mit einer Rahmenleiste eingefaßt werden. Ungerahmte Bilder, gleich ob mit oder ohne Passepartout, müssen stets liegend in einer Mappe aufbewahrt werden.

Literatur

Dodson, Bert: Meisterschule Zeichnen. - Augustus Verlag Augsburg

Doerner, Max: Malmaterial und seine Verwendung im Bilde. - Ferdinand Enke Verlag Stuttgart

Heuser, Karl: Freihändig zeichnen für Einsteiger. - Augustus Verlag Augsburg

Heuser, Karl: Freihändig zeichnen und skizzieren. - Augustus Verlag Augsburg

Itten, Johannes: Kunst der Farbe. - Otto Maier Verlag Ravensburg

Koschatzky, Walter: Die Kunst des Aquarells. - Residenz Verlag Salzburg

Leland, Nita: Praktische Farbenlehre für die Hobbymalerei. - Augustus Verlag Augsburg

Macke, August: Die Tunisreise. Aquarelle und Zeichnungen. - DuMont Verlag Köln

Monahan, Patricia: DuMont´s Handbuch der Landschaftsmalerei. - DuMont Verlag Köln

Pawlik, Johannes: Praxis der Farbe. - DuMont Verlag Köln

Ruissing, Hennes: Meisterwerke Ölmalerei. - Augustus Verlag Augsburg

Wehlte, Kurt: Werkstoffe und Techniken der Malerei. - Otto Maier Verlag Ravensburg

Register

Die Deutsche Bibliothek –
CIP-Einheitsaufnahme

Eisenbarth, Barbara:
Besser aquarellieren:
Schritt für Schritt zum Erfolg/
Barbara Eisenbarth. –
Augsburg: Augustus-Verl., 1993
ISBN 3-8043-0213-0
NE: HST

Die Autorin

Barbara Eisenbarth ist freischaffende Malerin. Sie ist verheiratet und hat zwei Kinder. Sie wohnt in Mering nahe dem Ammersee in Bayern. Die Autodidaktin ist seit über zehn Jahren in der Erwachsenenbildung tätig und unterrichtet Malerei und bildnerische Gestaltung. Darüber hinaus veranstaltet sie Kreativferien und Studienreisen nach Südfrankreich, Umbrien und in die Toskana.

Autorin und Verlag bedanken sich für das Überlassen von Bildern bei:
Karl-Heinz Biechler (Seite 19),
Annelore Frank (Seite 42),
Erwin Hackl (Seiten 65 und 74),
Jörg Illner (Seite 23),
Maike Mensing (Seite 45),
Ingrid Warnatz (Seite 24),
Ingrid Zimmer (Seite 54).

Lektorat: Michael Schönberger
Fotos: Michael Schönberger
Layout: Anton Walter, Gundelfingen
Umschlag: Klaus Neumann Wiesbaden

AUGUSTUS VERLAG AUGSBURG 1993
© Weltbild Verlag GmbH
Gesamtherstellung: Appl, Wemding
Printed in Germany
ISBN 3-8043-0213-0

*Am Ammersee,
Ausschnitt aus einer Aquarellstudie.
28 x 43 cm*